AF276245

ESPAÑA Y SU EDAD MEDIA

Un mosaico de culturas, religiones
y reinos

JORDINA SALES-CARBONELL

España y su edad media. Un mosaico de culturas, religiones y reinos
© Jordina Sales-Carbonell, 2025.
© de esta edición, Shackleton Books, S. L., 2025.

Shacklet∅n
—— b o o k s ——

(f) (y) (◎) @Shackletonbooks
shackletonbooks.com

Realización editorial: Bonalletra Alcompas, S. L.
Diseño de cubierta: Pau Taverna
Fotografía de cubierta: Shutterstock
Diseño: Kira Riera
Maquetación: reverté-aguilar
© Ilustraciones y fotografías: pp. 24-25, 72-73 y 126 (archivo Emse-Edapp),
p. 32 y 131 (Shutterstock), pp. 63, 78 y 139 (CC BY-SA 3.0).

Depósito legal: B 13584-2025
ISBN: 978-84-1361-354-3
Impreso por EGEDSA (España)

Contenido

El concepto de Edad Media   5

    Culturas y religiones en la península ibérica medieval   9
    Apuntes cronológicos   11
    Algunos nombres propios del medievalismo hispano   13

Un cambio de paradigma: la llegada del islam
  a los confines de Occidente   17

    Nacimiento y expansión del islam   17
    La llegada del islam al Occidente posromano:
      del norte de África a Poitiers   26
    Años finales de un reino visigodo en horas bajas   32
    La batalla de Guadalete y la conquista efectiva
      de la península ibérica   34

Configuración de al-Ándalus y primeras acometidas
  de los cristianos del norte   39

    Un emirato dependiente de Damasco   47
    La ruptura: al-Ándalus, emirato independiente   50
    Fases del nuevo emirato independiente   56
    Los primeros reinos cristianos del norte   65
    La intervención carolingia: los condados
      de la Marca Hispánica   75

El nuevo milenio: el esplendor y la caída del califato
  de Córdoba (929-1031) frente al triunfo del
  feudalismo en la órbita cristiana   83

    El porqué del surgimiento de un califato en
      al-Ándalus   83

El efímero, pero esplendoroso, califato de Córdoba   86
La nueva ciudad califal: Medina Azahara   92
La fitna, el final del califato y el surgimiento
    de las taifas   94
Apuntes sobre la sociedad andalusí   95
Consolidación de los entes cristianos   103

El sorpaso cristiano: reinos, condados y nuevas coronas.
  Intentos de recuperación de almohades y almorávides   113

    Los almorávides (1086-1146)   119
    El intento de restauración de los almohades   122
    Avance y configuración definitiva de los poderes
        cristianos   124
    El Reino de Navarra y el florecimiento del Reino
        de Aragón   127
    Los condados catalanes y la formación de
        la Corona de Aragón   133
    El nuevo Reino de Portugal   142
    La unión de los Reinos de Castilla y León:
        la Corona de Castilla   144

Final de la Edad Media hispana e imposición de
  la hegemonía cristiana   151

    La crisis del siglo XIV y la llegada de la peste negra   151
    La unión dinástica entre las coronas castellana
        y aragonesa   153
    El reducto islámico: el reino nazarí de Granada   157
    La expulsión de los judíos   161

Epílogo   165

Bibliografía   167

El concepto de Edad Media

Edad Media, cuando menos en Europa, es el nombre que recibe un periodo cronológico relativamente reciente de la historia de la humanidad que se ubica entre el final de la Antigüedad y los inicios de la Era Moderna (*grosso modo,* entre los siglos V y XV; es decir, entre la caída del Imperio romano de Occidente en el año 476 y el descubrimiento europeo de América en 1492). Hablamos, pues, de un marco temporal aproximado de mil años, donde, a su vez, se suceden etapas diferenciadas a la par que se solapan episodios, culturas y religiones diversas y, a menudo, contrapuestas.

La semántica de su nombre tampoco es casual: Edad Media, la «edad que está en medio». Pero ¿en medio de qué? ¿Quién decidió este nombre y definió este concepto? La explosión de la Edad Moderna en el siglo XVI coincidió con el momento álgido del Renacimiento, un movimiento cultural, artístico e intelectual originario de la Italia del siglo XV que tenía como objetivo situar al hombre [*sic*] en el centro del universo en tanto que medida de todas las cosas, pues cuando los humanistas del Renacimiento echaban la vista atrás solo veían una sociedad teocrática que, en esencia, había sustituido la razón por la teología y en la que todo gravitaba en torno a un Dios único (ya fuera el judío, el cristiano o el musulmán). Así pues, el proyecto intelectual renacentista se vio obligado a remontar hasta el pasado grecorromano para, en cierto modo, hacer un hueco a la humanidad, desplazando a un Dios omnipresente que había caracterizado esta etapa intermedia o «edad del medio» (según los renacentistas, lúgubre y oscura) que se extendía entre el final del mundo clásico y el nuevo «renacer» de la humanidad.

De este modo, la Edad Media fue concebida como una etapa de paso, unos tiempos que había que olvidar, como ya había adelantado el propio Petrarca, quien, aun viviendo dentro de esta edad intermedia —aunque ya en su fase final— anhelaba salir de ella cuanto antes y retornar a la gloria de la Antigüedad clásica, prefigurando así lo que será el Renacimiento:

Hubo una edad más afortunada y probablemente volverá a haber otra de nuevo; **en el medio**, en nuestro tiempo, ves la confluencia de las desdichas y de la ignominia.

PETRARCA, *Epistolae familiares*, VI, 2

Pasado el Renacimiento, el término Edad Media quedó fijado definitivamente en el siglo XVIII (Siglo de las Luces), lo que acabó de consolidar su acepción peyorativa y su asociación con la oscuridad. De hecho, por entonces el sistema socioeconómico característico del Medioevo, el feudalismo, seguía prevaleciendo en el ámbito rural de muchos países bajo la fórmula del Antiguo Régimen, y solo sería combatido por las revoluciones que se sucedieron desde finales del siglo XVIII (Revolución francesa, 1789) hasta los inicios del siglo XX (Revolución rusa, 1917).

Sin embargo, durante el siglo XIX, el auge de los movimientos nacionalistas y el Romanticismo jugó una baza a favor de la Edad Media en tanto que identificaron en esta etapa el origen de muchas de las naciones modernas que se estaban configurando en forma de grandes Estados europeos. El folklore, además, parecía hundir sus raíces en esta etapa, y los románticos reivindicaron y recuperaron para el arte buena parte de este sustrato mitológico. Por lo tanto, el Medioevo se revalorizó, coincidiendo además con la estructuración científica moderna de las diversas disciplinas del conocimiento, entre ellas la historia, que a lo largo del siglo XX se consolidó como una más de las ciencias fácticas y contribuyó decisivamente a liberar a la Edad Media de sus connotaciones peyorativas.

Así pues, durante toda la segunda mitad del siglo XX y bien entrado el siglo XXI, la Edad Media no solo se ha considerado una de las grandes etapas de la historia de la humanidad, sino que también se ha consolidado como una de las más populares entre el gran público. A modo de ejemplo, muchas películas producidas en los últimos decenios han tratado sobre el Medioevo, y aunque es cierto que los *peplums* tal vez las han superado en número, algunos estudios académicos recientes demuestran que la Edad Media simple y llanamente arrasa en el entretenimiento actual, por tratarse de la etapa preferida para ambientar videojuegos.

Todo ello no debe verse como una casualidad o como el fruto de un capricho. Quien viaje un poco por Europa tal vez no visitará una cueva prehistórica, ni un poblado de la Edad del Hierro, ni una villa romana. Sin embargo, muy probablemente entrará en una iglesia medieval o visitará un castillo, o recorrerá un centro histórico definido por su urbanismo medieval, o se adentrará en una antigua judería, aunque a menudo no sea consciente de ello. Y tal realidad se hace especialmente patente y deliciosamente cotidiana en la península ibérica, donde buena parte de las poblaciones pequeñas conservan su iglesia románica y, las ciudades, sus catedrales góticas —aunque algunas de ellas reaprovechen una mezquita anterior—;

y donde resulta imposible fijar un catálogo definitivo de sus castillos y fortalezas debido a su sorprendente abundancia. Así, por cantidad, conservación y proximidad, el ingente patrimonio constructivo medieval en nuestro entorno, al que se le debe sumar el arte mueble, la arqueología y un espectacular corpus archivístico, sigue muy presente en la actualidad.

Culturas y religiones en la península ibérica medieval

Dentro del variado panorama de la época, en la Edad Media peninsular destacaron tres grandes religiones, con sus culturas y sociedades específicas, a menudo conviviendo y otras veces en conflicto entre ellas. Por orden cronológico de llegada fueron: judíos, cristianos y musulmanes.

Efectivamente, los judíos documentados en la península durante la Edad Media son los descendientes de las primeras comunidades que se habían instalado en Hispania durante la diáspora de la época romana, producida a raíz de la revuelta de Bar Kojba (*c.* 135 d. C.). Así pues, el judaísmo llegó a las tierras ibéricas antes que el cristianismo, cuya llegada a Hispania se ha documentado con certeza solo a partir de mediados del siglo III. La tercera y última gran religión en llegar a suelo peninsular fue el islam, a partir de inicios del siglo VIII. Es decir, judaísmo y cristianismo ya estaban bien asentados en la península ibérica antes del Medioevo, mientras que el islam irrumpió unos siglos más tarde. Fue este hecho, precisamente, el que marcó el inicio oficioso de la Edad Media peninsular, que solo se daría por finalizada cuando los contrapoderes cristianos lograron expulsar al poder musulmán de la península. Desde esta perspectiva, se puede afirmar que la historia medieval peninsular empieza con la llegada de los musulmanes y acaba con su expulsión.

En todo caso, el crisol religioso-cultural que surgió durante la etapa de dominio político musulmán constituye un *unicum* en el Medioevo de Europa, un continente donde los musulmanes —exceptuando un breve periodo de incursiones en el sur de la Galia y la articulación de un efímero emirato en Sicilia— no lograron el control territorial ni la influencia de largo alcance que sí consiguieron ejercer en la península ibérica. Y aunque, en un primer momento, se dio una coexistencia pacífica entre las tres religiones, la intolerancia fue ganando terreno a medida que avanzaba la Edad Media y la balanza de los intereses territoriales se decantaba hacia uno u otro lado, hasta que acabó por imponerse.

Apuntes cronológicos

Se ha apuntado ya que la historia de la Edad Media peninsular empieza con la llegada del islam a nuestras latitudes a inicios del siglo VIII. Sin embargo, también se ha visto que la Edad Media se empezó a conformar a finales del siglo V, a raíz de todos los cambios que conllevó la caída del Imperio romano de Occidente. Entonces ¿dónde colocamos en la historia estos más de doscientos años de diferencia?

La tradición historiográfica de la península ibérica conoce estos dos siglos como Hispania visigoda, una etapa bisagra que algunos historiadores consideran aún dentro de la Antigüedad, si bien otros defienden que la formación y desarrollo del reino visigodo de Toledo consolidó el inicio de la Edad Media, derivado de la desaparición del Imperio romano de Occidente. Seguramente las dos visiones sean correctas porque los cambios de era son complejos y, mientras una etapa muere y otra nace, lo antiguo y lo nuevo a menudo se solapan. Lo que sí parece indiscutible es que el nacimiento y expansión del islam es un fenómeno que, definitivamente, cabe ubicar fuera de la Antigüedad, por lo que su llegada a Hispania resulta una convención muy cómoda para marcar el inicio de la Edad Media en la península. Esto no implica que se menosprecie la aportación de los visigodos al nacimiento y la formación de la Edad Media. De hecho, un fenómeno medieval tan relevante como es el feudalismo hunde sus raíces en la sociedad visigoda.

En lo referente a cuándo finaliza la Edad Media peninsular, podemos establecer el límite sin debates mayores en el siglo XV, coincidiendo con varios acontecimientos internacionales (el Renacimiento en Italia, la invención de la imprenta en Alemania y la caída de Constantinopla a manos de los otomanos en 1453, esto es, la desaparición del Imperio bizantino) que se concatenaron con acontecimientos específicos del contexto ibérico: unión dinástica de Fernando de Aragón e Isabel de Castilla, descubrimiento de América y expulsión definitiva de los judíos sefardíes.

Estos mil años de historia medieval pueden subdividirse, a su vez, en tres grandes bloques subcronológicos:

- Alta Edad Media: larga etapa de gestación del feudalismo que cubre desde la caída del Imperio romano hasta más allá del cambio de milenio. Etapa de lenta recuperación demográfica y económica. Gran variedad en las expresiones artísticas, con el ecléctico «prerrománico» como movimiento genérico.

- Plena Edad Media: parte álgida del periodo, transcurre entre después del cambio de milenio y el momento anterior al inicio de la crisis. Explosión del feudalismo. La demografía se desboca, renacen las ciudades y surge el comercio a gran escala. El románico imbuye el paisaje.

• Baja Edad Media: en esencia, los dos últimos siglos de esta época. Los cambios climáticos, las carestías alimenticias y la debacle poblacional causada por la llegada de la peste negra marcan una etapa final que también se caracteriza por profundos cambios sociales que darán paso a la Edad Moderna. Las grandes ciudades abrazan el estilo gótico.

Algunos nombres propios del medievalismo hispano

Como ha sucedido con tantos otros periodos cronológicos, la investigación y el estudio de la Edad Media en lo que hoy es España se empezó a construir en base al documento escrito, con especial atención a las crónicas medievales y modernas, consistentes en una serie de relatos lineales tendenciosos que intentaban explicar y legitimar la formación de cada una de las diversas entidades políticas peninsulares. Ya los visigodos dejaron constancia escrita de cómo ellos veían su propia historia, y algunos personajes eclesiásticos politizados, como, por ejemplo, el padre de la Iglesia Isidoro de Sevilla, ostentaron tal potestad. Así, a menudo se asimilaban la crónica partidista y el documento histórico, y se obviaba cualquier estándar mínimo de objetividad exigible en los análisis históricos actuales, situación que se extendió a todas las crónicas e historias redactadas durante el Medioevo y buena parte de la Edad Moderna. En paralelo, los conocidos como gabinetes de antigüedades empezaron a rescatar y custodiar la materialidad de este pasado, principalmente una vez superado el Renacimiento.

La creación de la Real Academia de la Historia en 1738, concebida con la misión de elaborar una historia general de España, contribuyó a la fijación de los grandes periodos históricos peninsulares, entre los cuales la Edad Media, que seguía etiquetado como una etapa de paso sucia y oscura. Las cosas cambiaron a partir del siglo XIX, con la irrupción del Romanticismo como reacción a la racionalidad imperante. En ese momento, algunos intelectuales y escritores reivindicaron la irracionalidad como motor de la historia. La Edad Media les encajaba a la perfección en su idea de decadencia, por lo que empezaron a reivindicarla. Esto coincidió con el auge de los nacionalismos europeos, que identificaron el origen de sus respectivas naciones en los reinos medievales. Y a su vez, gracias al desarrollo de la historia como ciencia fáctica y a su inclusión en el ámbito académico, se fueron incorporando distintos tipos de fuentes y técnicas para su estudio, un proceso en continua revisión que ha permitido desarrollar el conocimiento histórico con más nitidez y rigor y menos apriorismos.

El gran pionero en el estudio científico del Medioevo hispano es Ramón Menéndez Pidal (1869-1968), fundador de la Escuela Filológica Española, desde la cual articuló un extenso y profundo análisis de la historia medieval de España, centrando su atención en las crónicas medievales y, más genéricamente, en la literatura de la época.

Sobresale también Claudio Sánchez Albornoz (1893-1984), fundador de la revista *Cuadernos de Historia de España* y presidente del Gobierno de la República española en el exilio, que ahondó en la lectura crítica de los textos medievales y logró confrontarlos con éxito con los datos provenientes de otras disciplinas como el estudio de las fuentes jurídicas. De hecho, su debate intelectual con Américo Castro en torno a la cuestión conocida como el «ser de España», refleja su esfuerzo por encontrar el origen de una pretendida esencia de lo español en el pasado medieval peninsular.

El siglo XX vio florecer también estudiosos destacados, con nombres como Luis García de Valdeavellano (1904-1985), José María Lacarra (1907-1987),

Jaume Vicens Vives (1910-1960), Julio Caro Baroja (1914-1995), María Luisa Ledesma Rubio (1927-1996), Marcelo Vigil (1930-1987), Abilio Barbero (1931-1990) y José Ángel García de Cortázar (1939). Cabe decir que algunos hispanistas extranjeros como Pierre Bonnassie (1932-2005), Michel Zimmermann (1937) o Roger Collins (1949) han aportado, *a priori*, una visión un poco menos politizada —o, tal vez, menos emocional— de la España medieval. Por su parte, se puede considerar a Alberto del Castillo (1899-1976) y Manuel Riu i Riu (1929-2011) los fundadores de la arqueología medieval española, al ser los primeros académicos en desafiar la vieja idea de que no era necesario aplicar el método arqueológico más allá de la época romana porque se afirmaba que para la Edad Media ya había suficiente documentación escrita, una idea que sorprendentemente estuvo en boga hasta casi finales del siglo XX.

Un cambio de paradigma: la llegada del islam a los confines de Occidente

Nacimiento y expansión del islam

A inicios del siglo VII, surgió en la península arábiga una nueva religión, el islam, que logró reunir bajo el liderazgo del profeta Mahoma a un fervoroso grupo de seguidores. Estos creyentes, convencidos de que el arcángel Gabriel había transmitido revelaciones divinas a Mahoma, afirmaban haber abandonado la *Yahilía*, es decir, la 'edad de la ignorancia'. Antes del advenimiento del islam, en Arabia predominaba un variado panteón politeísta, aunque también existían minorías de judíos y cristianos. Estas tradiciones monoteístas influyeron en la configuración de la nueva fe, como lo demuestra el respeto que el islam profesó y profesa por los profetas del «Libro» (la Biblia). El islam considera auténticos a los profetas del Génesis, si bien Mahoma, como último de ellos, pasa a ser el guía espiritual definitivo para quienes hasta entonces habían seguido a Abraham y a Cristo.

Mahoma (Muhammad, *c.* 570-632) fue un huérfano perteneciente al clan de los Hāšimī, integrado a su vez en la tribu de los Qurayš. Durante su infancia quedó bajo la tutela de su tío, un caravanero, y gracias a los constantes viajes realizados junto a él pudo entrar en contacto con diversas tradiciones culturales y religiosas, lo que le proporcionó una valiosa experiencia. A los veinte años, esta experiencia le permitió asumir la dirección del negocio caravanero de una viuda acaudalada, Jadiya, con quien más tarde contrajo matrimonio y quien le brindaría un apoyo decisivo en su misión religiosa. En una ocasión, Mahoma, alarmado, le confió a Jadiya las revelaciones que, según afirmaba, le había transmitido el arcángel Gabriel. Ella consultó el hecho con su tío, un cristiano, quien concluyó que solo Dios podía estar hablándole a Mahoma.

El grupo de fervientes seguidores que se congregó en torno a las prédicas del nuevo profeta permitió articular, en muy poco tiempo, una comunidad política y social. Su carta de presentación ante el mundo, además de la nueva fe, fue un marcado impulso expansionista que condujo a la formación de un imperio en un tiempo extraordinariamente breve. Según algunas estimaciones, el islam llegó a abarcar hasta el 20 % de la población mundial de la época. En una primera etapa, y aún en vida de Mahoma, la comunidad de fieles —*ummah*— logró establecer un control efectivo sobre la mayor parte de los clanes familiares que habitaban la península arábiga. Estos clanes, organizados en tribus nómadas y seminómadas, tenían como principal actividad económica el comercio a larga distancia, aunque en las zonas más áridas, donde la agricultura resultaba inviable, la ganadería representaba también un recurso de importancia.

El control de Arabia incluyó la ciudad más importante de la región: La Meca, de donde Mahoma había sido expulsado en el año 622. Esta huida, conocida como la Hégira —el desplazamiento de La Meca a Medina—, se considera el nacimiento oficial del islam y marca el año cero de su calendario. En La Meca se veneraba, desde tiempos muy antiguos, una pequeña piedra meteórica conocida como la Kaaba. La tradición preislámica atribuía su origen a la época de Adán y Eva, y Mahoma la vinculó con el profeta bíblico Abraham, padre de Ismael, a quien los árabes reconocen como su ancestro común. La Kaaba pasó así a convertirse en el principal centro de veneración del islam y en el lugar al que todo buen musulmán debe peregrinar al menos una vez en la vida.

Tras la muerte del profeta, el islam supo aprovechar la debilidad interna de los imperios vecinos: el

romano-oriental (Bizancio) y el persa (Imperio sasá-
nida). Ambos se encontraban profundamente afecta-
dos por la peste de Justiniano, que se había declarado
en Bizancio a mediados del siglo VI (541-750) y que
sufrió sucesivos rebrotes durante los siglos VII y VIII,
especialmente en los territorios con acceso al mar
Mediterráneo, cuyos Estados poseían costas y puertos. En cambio, las tribus árabes permanecieron aje-
nas a los efectos de la pandemia y, unificadas bajo la
ummah creada por Mahoma, aprovecharon aquel in-
menso vacío de poder, de población y de capacidad
militar para conquistar amplias regiones del Próximo
Oriente —como las regiones mesopotámicas de Armenia, Yazira, Fars, Jurasán (en el actual Irán)...— y
las costas africanas del Mediterráneo oriental (los actuales Egipto, Palestina y Siria), bajo el liderazgo de
los denominados califas perfectos o bien guiados.

Posteriormente, la dinastía califal de los Omeyas
(661-750) alcanzó su máxima expansión territorial
mediante la conquista del norte de África occidental (Ifriqiyya) y de casi toda la península ibérica (al-
Ándalus).

Por su parte, los territorios del Mediterráneo
oriental septentrional (las penínsulas de Anatolia y el
Peloponeso, y las islas de Chipre y Creta), así como
otras islas del Mediterráneo occidental (Baleares,
Córcega, Cerdeña y Sicilia), permanecían aún bajo

control bizantino, el único poder que logró contener el avance del islam hacia el este de Europa.

Para comprender la organización del islam y las razones de su rápida expansión, resulta esencial atender a la solidez estructural de la *ummah*. Todos los miembros de esta comunidad estaban unidos por un pacto de ayuda mutua. Aunque todos debían pagar un impuesto conocido como *zakāt*, esta obligación fiscal se veía ampliamente compensada por el reparto del botín de guerra: las cuatro quintas partes se distribuían entre los combatientes participantes en las campañas, mientras que la parte restante se destinaba a la «caja común» de la *ummah*, bajo control del califa.

Es preciso destacar también la relevancia de la figura del califa, considerado heredero tanto político como espiritual de Mahoma y, por ello, la máxima autoridad del islam en los ámbitos civil y religioso. De hecho, el término *califa* significa 'sucesor del enviado de Dios'. Salvando las distancias y con todas las reservas necesarias, su rol podría compararse, al menos en el plano espiritual, con el del papa en el cristianismo. Al igual que ocurrió con el papado, hubo momentos durante la Edad Media en que coexistieron dos o más califas, lo que generó duplicidades y profundos conflictos por la legitimidad del poder. Con el paso del tiempo, estas tensiones culminaron en la abolición en 1924 del último califato, que se hallaba en manos del Imperio otomano. En la actualidad, el título de califa ha sido reivindicado por ciertos grupúsculos extremistas, cuya legitimidad no ha sido reconocida ni por la inmensa mayoría del mundo musulmán ni por la comunidad internacional.

En realidad, el origen de las disputas por la legitimidad del califato se remonta a la muerte del profeta en el año 632. Mahoma no había tenido hijos varones ni designado un sucesor, lo que desencadenó una agria pugna por el poder, centrada en torno a la cuestión de quién podía ser considerado el candidato legítimo. Desde los primeros momentos, las facciones se agruparon en torno a dos grandes clanes: el de Medina y el de La Meca, este último dominado por los Omeyas. En paralelo, surgieron tres grandes corrientes teológicas en relación con la sucesión:

- Los jariyíes o *jarichitas*, que sostenían que el califa debía ser la persona más capacitada, sin importar su parentesco con Mahoma ni su pertenencia a un clan determinado.
- Los sunitas, que defendían que el califa debía pertenecer a la tribu de Mahoma, es decir, ser de ascendencia *qurayší*. Esta rama ha sido la predominante entre las grandes dinastías califales.

- Los chiíes, que afirmaban que el califato debía recaer exclusivamente en los descendientes directos de Alí, primo y yerno del profeta.

Estas diferentes concepciones del poder religioso y político desembocaron en enfrentamientos, usurpaciones y en la fragmentación del islam, con el consiguiente debilitamiento del conjunto del mundo musulmán. Uno de los efectos más visibles de estas divisiones fue la instauración de un califato independiente en Córdoba, que desafió la autoridad del poderoso califa de Damasco, como se verá más adelante. Este califato peninsular, si bien representa el momento culminante del islam en la península ibérica, fue también un factor que aceleró el paulatino retroceso de los andalusíes frente al avance de los reinos cristianos.

En sus inicios, el título de califa se mantuvo dentro del círculo familiar de Mahoma a través de los cuatro llamados Califas Perfectos: Abu Bakr, Umar, Utman y Alí. De ellos, solo el primero murió por causas naturales; los otros tres fueron asesinados, aunque no sin antes haber conseguido extender el dominio militar islámico sobre toda Arabia, Egipto, Mesopotamia, Siria y Armenia, llegando incluso a cruzar el río Indo.

En el año 661, tras el asesinato de Alí, accedió al poder la dinastía Omeya, perteneciente a la tribu de los Qurayš y de orientación sunita. Esta dinastía se

La expansión del islam (622–750), desde Mahoma hasta los Omeyas

En este periodo se sentaron las bases de al-Ándalus y de siglos de contacto con los reinos cristianos.

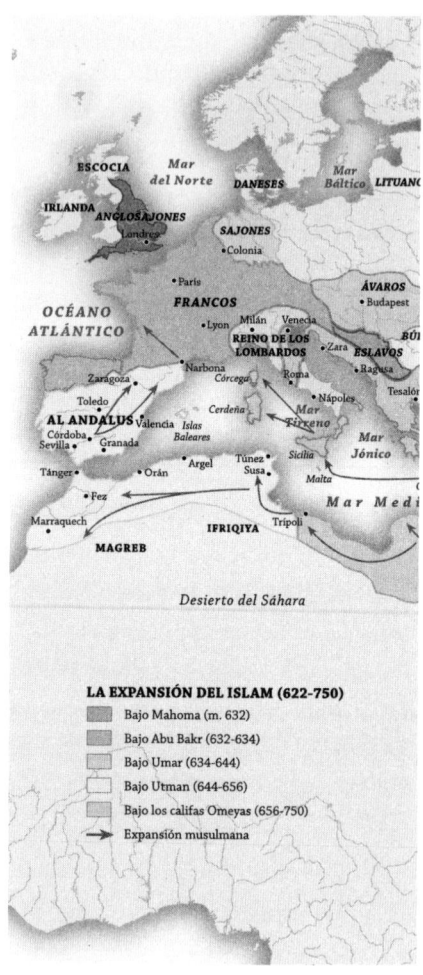

LA EXPANSIÓN DEL ISLAM (622-750)

- Bajo Mahoma (m. 632)
- Bajo Abu Bakr (632-634)
- Bajo Umar (634-644)
- Bajo Utman (644-656)
- Bajo los califas Omeyas (656-750)
- → Expansión musulmana

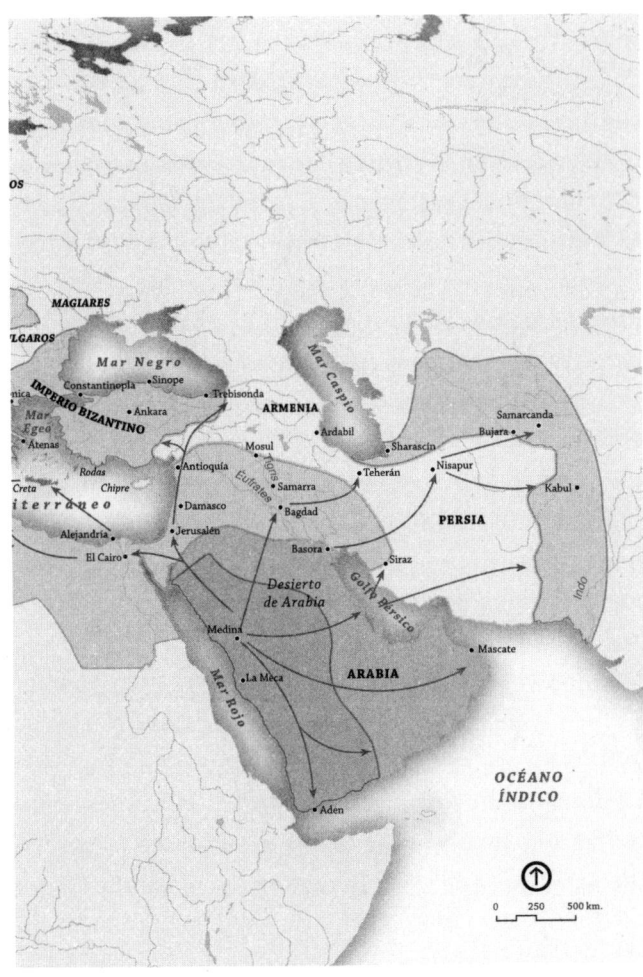

mantuvo al frente del califato hasta el año 750. Los Omeyas establecieron su capital en Damasco y centralizaron las estructuras de gobierno de lo que ya podía considerarse un auténtico imperio, aunque aún restaba la conquista de la Europa occidental. Su reforma administrativa se inspiró en los modelos de los vecinos imperios bizantino y persa —este último ya incorporado al islam— y, junto con la implantación de nuevos tributos, se inició también la acuñación de una moneda propia. Bajo los Omeyas, la lengua y la cultura árabes se impusieron como elementos hegemónicos en los diversos territorios que pasaron a formar parte del mundo islámico. Se trata, por tanto, de una conquista militar que llevó aparejada una dominación tanto religiosa como cultural.

La llegada del islam al Occidente posromano: del norte de África a Poitiers

La dinastía Omeya reviste una gran importancia para la historia medieval de la península ibérica, ya que fue la responsable de la conquista musulmana del territorio. Bajo el gobierno de estos califas, el islam alcanzó su máxima expansión territorial: no solo culminó su avance hacia Asia, llegando hasta el río Indo y el mar de Aral, sino que logró también establecer su dominio sobre el Magreb —el «lugar por donde se pone el sol»—, desde donde se emprendió la conquista de la Hispania visigoda.

Así, a partir de la muerte de Mahoma, en poco más de un siglo se produjo una rapidísima expansión del islam que la historiografía árabe ha tendido a atribuir al fervor religioso de los nuevos conversos. Sin embargo, esta expansión también estuvo motivada en gran medida por lo que historiadores como Marius Canard denominaron «el estímulo del hambre» y, de forma paralela, se vio favorecida por la debilidad estructural de los imperios vecinos.

Lo cierto es que la expansión del islam coincidió con un largo y severo episodio de sequía en la península arábiga, que provocó el desplazamiento de una amplia masa de población en busca de climas más benignos y tierras más aptas para la subsistencia. Al mismo tiempo, los persas sasánidas y los bizantinos —que compartían frontera con los árabes— atravesaban un periodo de gran vulnerabilidad, tanto por las guerras prolongadas entre ambos imperios como por sus conflictos internos. Además, numerosos mercenarios al servicio de persas y bizantinos terminaron pasándose al bando de la *ummah*, atraídos por la posibilidad de obtener mayores botines y de participar en repartos más generosos, como ya se ha señalado. De este modo, los territorios persas y la zona oriental del Imperio bizantino —incluyendo Egipto, el Sinaí,

Palestina y Siria— pasaron a manos del islam en el transcurso de apenas unas pocas décadas, antes de que concluyera el siglo VII.

Otras razones que se han esgrimido para explicar la rápida expansión del islam —y que, en el caso de Hispania, parecen haber desempeñado un papel determinante— fueron la menor presión fiscal que los musulmanes ofrecían a las poblaciones de las ciudades y territorios conquistados. Asimismo, y en estrecha relación con este factor, resultó decisiva la capacidad y disposición de la religión islámica para pactar con la llamada «gente del Libro» —judíos y cristianos—, a quienes los musulmanes respetaban en un principio por considerar que, al igual que ellos, habían recibido la revelación del Dios único.

En síntesis, si los monoteístas no ofrecían resistencia a la conquista territorial por parte del islam, pasaban a ser considerados *dhimmíes*, es decir, «protegidos». Aunque estos protegidos debían abonar dos tributos a la *ummah* —uno personal, la *ŷizya*, y otro territorial, el *jarach*—, lo cierto es que, bajo el nuevo orden musulmán, quedaban liberados de la anterior presión fiscal ejercida por el reino o imperio extinto al que habían pertenecido. Este fue, precisamente, el caso de la Hispania visigoda.

Entre las obligaciones impuestas a los *dhimmíes* se encontraba también la prohibición de hacer proselitismo del cristianismo o del judaísmo entre los musulmanes, así como la exigencia de prestarles apoyo efectivo en caso de escaramuzas o conflictos bélicos.

Mediante estas estrategias —que combinaban la amenaza del uso de la fuerza con la diplomacia del pacto—, el islam logró alcanzar las puertas de Europa occidental a comienzos del siglo VIII. Una vez asegurado el control sobre la costa norteafricana, los musulmanes mantuvieron algunas escaramuzas con los visigodos entre los años 672 y 680, durante el reinado de Wamba, en un primer intento fallido de penetrar en la península a través de Algeciras, sin mayores consecuencias en aquel momento.

La expansión islámica incluyó también maniobras de exploración a lo largo de las costas e islas del norte del Mediterráneo. En el año 705, los musulmanes atacaron las costas de Cerdeña. Sin embargo, el gran hito fue el cruce del estrecho de Gibraltar en el año 711. A partir de ese momento, el islam logró, en un plazo sorprendentemente breve —apenas tres o, como máximo, cuatro años—, el control de la práctica totalidad de la península ibérica. Con ello se inicia una larga etapa de dominación musulmana, que, tras un periodo inicial de hegemonía, experimentará un retroceso progresivo ante el avance de los reinos cristianos. Estos, a lo largo de los siglos, irán presionando desde el norte hacia el sur, hasta alcanzar, a finales del siglo XV, la expulsión definitiva de los últimos reductos territoriales islámicos.

De este modo, diversos gobiernos musulmanes, sucesivos y de influencia variable en función del momento histórico, se mantuvieron presentes en la península ibérica durante casi ocho siglos, desde el año 711 hasta 1492.

La conquista de Hispania fue tan impetuosa que, una vez alcanzado el muro natural de los Pirineos en el año 714, la cordillera no representó un obstáculo significativo para el afán expansionista del islam. Tras cruzar esta barrera montañosa y conquistar buena parte de la costa narbonense —la antigua Septimania visigoda—, los musulmanes intentaron extender su dominio al reino de los francos, gobernado entonces por la dinastía merovingia.

En el año 720, los musulmanes que ya controlaban Hispania —denominada desde entonces al-Ándalus— se apoderaron de Narbona, ciudad visigoda donde, hacia el año 713, se había trasladado la sede metropolitana de la Tarraco hispana, tras resistir inicialmente a los invasores. Sin embargo, la expansión islámica hacia el reino franco fue detenida bruscamente en Poitiers en el año 732. Allí, el mayordomo de palacio Carlos Martel —padre del futuro rey carolingio Pipino el Breve y abuelo de Carlomagno— logró contener a las tropas musulmanas, dirigidas por el valí (gobernador) de al-Ándalus, ʿAbd al-Raḥmān ibn Abd Allah al-Ghafiqui. Gracias a la victoria franca en Poitiers, Carlos, y posteriormente su hijo Pipino, lograron replegar a los musulmanes al sur de los Pirineos, lo que supuso *de facto* el fin del avance islámico hacia el interior de Europa y su repliegue en la península ibérica.

La recuperación franca de Narbona constituye un caso paradigmático de los complejos pactos que se sucedían en estos tiempos convulsos. Se trataba de una ciudad visigoda que, muy probablemente mediante un acuerdo, había sido tomada por los musulmanes. Hacia el año 759, sin embargo, la propia población de Narbona —entre la cual debían de encontrarse cristianos visigodos convertidos al islam— entregó la ciudad al dominio franco a cambio de conservar el derecho a regirse por la antigua ley visigoda. Así ocurrió: los visigodos recuperaron el control de la ciudad tras expulsar a la reducida guarnición musulmana que la custodiaba y, acto seguido, se sometieron a la autoridad franca.

Años finales de un reino visigodo en horas bajas

Cuando los contingentes musulmanes desembarcaron en la península ibérica, a comienzos del siglo VIII,

se encontraron con un reino visigodo en plena decadencia. Esta situación facilitó tanto la conquista
como el posterior control efectivo del territorio, en
claro contraste con los intentos fallidos de expansión
en el reino de los francos, donde fueron rápidamente
frenados y expulsados en el transcurso de pocos años.

Las luchas internas por el poder en el reino visigodo de Toledo se habían intensificado en las últimas
décadas. Tal era su gravedad que incluso los francos
se referían a estas contiendas sangrientas como *mor-
bus gothorum*. A ello se sumaba una economía profundamente debilitada, consecuencia de un campo
agotado e improductivo tras un episodio de grave
sequía documentado en Hispania a partir del año
680, que dio lugar a ciclos recurrentes de hambruna,
como el registrado entre 707 y 709, justo pocos años
antes de la llegada musulmana.

Como si esto fuera poco, la virulenta pandemia de
peste negra conocida como plaga de Justiniano tuvo
también una notable incidencia en la península ibérica, donde se registraron rebrotes hasta mediados del
siglo VIII.

El empobrecimiento de la base productiva de
la sociedad, provocado por factores climáticos ad-
versos, vino acompañado de un aumento de la presión
fiscal. Esta combinación estimuló un notable auge de
los vínculos de dependencia entre los propietarios

de tierras más desfavorecidos y los grandes terratenientes. Es cierto que dichos vínculos, en distintas
formas, habían existido desde antiguo, pero ahora,
ante el hambre y la escasez, el clientelismo derivó en
muchos casos en formas de servilismo motivadas por
la desesperación y el deseo de escapar del fisco. Además, en este contexto de creciente inestabilidad, la
nobleza comenzó a militarizar sus fincas mediante
la formación de ejércitos privados, una práctica que
ya se documentaba desde el Bajo Imperio. Paralelamente, se intensificó el control ejercido por los nobles
sobre la figura del rey, en un momento en que estos
aristócratas se encontraban cada vez mejor armados
y organizados. Todos estos fenómenos prefiguraban
las dinámicas del sistema feudal, que unos siglos más
tarde alcanzaría plena expresión y caracterizaría a la
Edad Media peninsular.

En consecuencia, todos estos factores contribuyeron de manera decisiva a facilitar la rápida entrada de los Omeyas, inmersos en su expansión por el
Occidente mediterráneo. En los años previos a su
llegada, el reino visigodo estaba gobernado por Witiza, asociado al trono por su padre Égica desde el año
694, y que emprendió su gobierno en solitario tras la
muerte de este último, a finales de 702.

No puede determinarse con certeza si Witiza seguía con vida en los años 710-711. Lo que sí se sabe es

que, en ese momento, una facción de la nobleza goda elevó al trono al duque de la Bética, Rodrigo. Este hecho provocó una rebelión por parte de otro grupo de nobles, que proclamó rey al hijo de Witiza, Agila II. Este último solo logró ejercer un control efectivo sobre los territorios de la Tarraconense y de la Narbonense, los cuales cayeron bajo dominio musulmán a partir del año 713.

La batalla de Guadalete y la conquista efectiva de la península ibérica

Fue en la zona bajo control de Rodrigo donde se desarrollaron los episodios decisivos que precipitaron la caída del reino visigodo. A finales de abril del año 711, mientras el rey intentaba sofocar una de las recurrentes revueltas vasconas, las tropas musulmanas, comandadas por Ṭāriq ibn Ziyād —quien ya había realizado una incursión secreta en el año 710 para evaluar las posibilidades de éxito—, cruzaron el estrecho de Gibraltar y desembarcaron en Hispania. Estas fuerzas estaban compuestas principalmente por contingentes bereberes, y el lugar del desembarco dio origen a la fundación de la ciudad de Tarifa, nombrada así en honor al comandante islámico.

El desembarco se produjo sin enfrentamientos inmediatos, hecho que las crónicas medievales del reino asturiano atribuyen a la debilidad del rey Witiza. Por su parte, las crónicas mozárabes responsabilizan al propio Rodrigo, al que consideran un usurpador. Otras fuentes aluden a una posible traición de una facción de la nobleza goda, encabezada por un señor llamado don Julián, que habría conspirado para permitir el desembarco sin oposición y facilitado el saqueo musulmán de la Bética durante los tres meses siguientes, sin que el *dux* provincial pudiera impedirlo. Pasado ese tiempo, y ante la escasa resistencia encontrada en el territorio, los musulmanes recibieron refuerzos desde el norte de África con vistas a emprender la conquista total de Hispania. Esta operación fue dirigida conjuntamente por Ṭāriq ibn Ziyād y el gobernador del Magreb, Mūsà ibn Nuṣayr. Se estima que el ejército musulmán que logró desembarcar en la península estaba compuesto por unos 13 000 hombres.

Ya fuera por una traición interna o por la debilidad estructural del reino visigodo y la pasividad de las tropas que, en teoría, debían defender el estrecho, lo cierto es que, ante el avance musulmán, Rodrigo se vio obligado a posponer la campaña contra los vascones y a marchar hacia el sur con sus ejércitos para intentar frenar la invasión. En ese momento, las fuerzas islámicas ya habían comenzado su avance hacia el norte. Se calcula que unos 24 000 efectivos combatieron en el bando visigodo. Menos de tres meses después del desembarco, ambos ejércitos se encontraron en batalla. A pesar de que los visigodos contaban con una numerosa caballería y una clara superioridad numérica, y de que las tropas musulmanas estaban compuestas únicamente por infantería, la victoria islámica fue rotunda. El rey Rodrigo murió en combate.

La historiografía tradicional, basada en algunas crónicas medievales, ha situado esta confrontación en el río Guadalete, en algún punto de su recorrido por la actual provincia de Cádiz. Sin embargo, la denominada *Crónica mozárabe de 754* —la fuente más cercana cronológicamente a la invasión musulmana— indica que el enfrentamiento tuvo lugar *«al pie de los promontorios Transductinos»*. Dado que Transducta era el nombre romano de la ciudad de Algeciras, se ha propuesto que la referencia podría aludir a las estribaciones montañosas que rodean la bahía de Algeciras, lo cual situaría el lugar de la batalla lejos del curso del río Guadalete.

Así, la popularmente llamada —aunque de manera incorrecta— batalla de Guadalete supuso el abrupto final del reino germánico de los visigodos. En los tres o, como mucho, cuatro años siguientes, la península ibérica pasó a integrarse como el territorio más occidental del imperio omeya y comenzó a ser conocida con el nombre de al-Ándalus. La primera mención de esta denominación aparece en unas monedas emitidas entre los años 716 y 717, conocidas como dinares bilingües, por contener inscripciones tanto en árabe como en latín. Aunque al-Ándalus era un territorio periférico, situado en los confines occidentales del nuevo imperio musulmán, pronto se transformó en una entidad política floreciente, con una identidad singular y propia.

Antes de concluir este capítulo, conviene señalar que los historiadores mantienen posturas divididas en cuanto a las implicaciones de la conquista musulmana de Hispania. Por un lado, existe una corriente continuista que sostiene que la llegada de los musulmanes fue un hecho inesperado que interrumpió el desarrollo del reino visigodo de Toledo, pero que, a pesar de la evidente capa de arabización superficial, la sociedad andalusí mantuvo elementos de continuidad con las estructuras sociales hispano-visigodas previas, lo que habría impedido una verdadera arabización de los visigodos.

Por otro lado, la corriente rupturista defiende que la conquista representó una verdadera ruptura, al polarizar la sociedad entre los cristianos autóctonos —organizados en torno a estructuras prefeudales— y los recién llegados musulmanes, que respondían a lógicas tribales. En cualquier caso, los encuentros y desencuentros entre estos dos grupos transformaron de manera irreversible las relaciones de poder en la península ibérica.

Configuración de al-Ándalus y primeras acometidas de los cristianos del norte

Desde su conceptualización a comienzos del siglo VIII y hasta el cambio de milenio, al-Ándalus conoció tres formas de gobierno que evolucionaron a medida que el islam adquiría mayor relevancia y, al mismo tiempo, se fragmentaba en distintas concepciones teológicas y, sobre todo, en diversas estructuras de poder:

- **711-756**: emirato dependiente de los califas omeyas de Damasco.
- **756-929**: emirato independiente.
- **929-1031**: califato independiente.

Conviene centrarse ahora en la primera de estas fases, ya que corresponde al asentamiento inicial de los conquistadores en la península ibérica y a la implantación de su primera organización administrativa.

Año de nombramiento de los primeros emires de al-Ándalus dependientes de Damasco

- **Mūsà ibn Nuṣayr** (no ejerció como emir, pero organizó el primer Gobierno)
- **'Abd al-'Azīz ibn Mūsà** (713)
- **Ayyūb ibn Ḥabīb al-Laḫmī** (716)
- **al-Ḥurr ibn 'Abd al-Raḥmān al-Ṭaqafī** (716)
- **al-Samh ibn Mālik al-Ḥawlānī** (719)
- **'Abd al-Raḥmān ibn 'Abd Allāh al-Gāfiqī** (721)
- **'Anbasa ibn Suḥaym al-Kalbī** (721)
- **'Uḍra ibn 'Abd Allāh al-Fihrī** (726)
- **Yaḥyà ibn Salāma al-Kalbī** (726)
- **Ḥudhayfa ibn al-Aḥwaṣ al-Qaysī** (728)

En el año 714, una vez sometida la práctica totalidad de la Hispania visigoda, los líderes Ṭāriq ibn Ziyād y Mūsà ibn Nuṣayr fueron convocados a Damasco por el califa para rendir cuentas de sus conquistas. Antes de partir, y con el fin de dejar una estructura mínima de gobierno, delegaron la administración peninsular en un emir, cargo que a partir de ese momento sería designado directamente desde Damasco por el califa de turno.

- ʿUṯmān ibn Abī Nisʿa al-Jaṯʿamī (728)
- al-Haytham ibn ʿUbayd al-Kilābī (729)
- Muḥammad ibn ʿAbd Allāh al-Asyaʿī (730)
- ʿAbd al-Raḥmān ibn ʿAbd Allāh al-Gāfiqī (segundo mandato, 730)
- ʿAbd al-Malik ibn Qaṯan al-Fihrī (732)
- ʿUqba ibn al-Ḥajjāj al-Salūlī (734)
- ʿAbd al-Malik ibn Qaṯan al-Fihrī (segundo mandato, 741)
- Baly ibn Bisr al-Qusayrī (741)
- Ṯaʿlaba ibn Salāma al-ʿĀmilī (742)
- Abū l-Khaṯṯār al-Ḥusām ibn Dirār al-Kalbī (743)
- Ṯuwāba ibn Salāma al-Yudāmī (abril 745)
- ʿAbd al-Raḥmān ibn Kaṯīr al-Laḥmī *(interino)*
- Yūsuf ibn ʿAbd al-Raḥmān al-Fihrī (746-747)

Cabe señalar que estos primeros emires ocuparon el cargo de manera efímera, en ocasiones durante solo unos meses, y ninguno se mantuvo en el poder más de siete años.

El emirato quedó, a su vez, subdividido territorial y administrativamente en unidades menores denominadas *coras*, cada una de las cuales se hallaba bajo la autoridad de un *walī* o *valí*. Una cora podía abarcar el territorio de varias ciudades, por lo que, a grandes rasgos, podría equipararse a una provincia actual. Finalmente, se designó Córdoba como capital del nuevo emirato. Mientras se implantaba esta estructura inicial —que en parte perduraría con el tiempo—, un pequeño reducto de hispanovisigodos resistía en la costa atlántica.

Los primeros decenios de ocupación musulmana de la península están muy pobremente documentados, y son escasos los detalles conservados en las fuentes sobre el proceso de implantación. De lo poco que se conoce, se sabe que la mayor parte de las tropas que primero participaron en la conquista y luego se asentaron en la península pertenecían a tribus amaziges del norte de África. Este grupo étnico, conocido en las crónicas como *mauri*, habitaba un territorio que fue conquistado por el islam entre los años 707 y 710. Algunos oficiales de origen sirio, y sobre todo árabes yemeníes, ejercían el mando sobre estas tropas *mauri*, a las que denominaban despectivamente *bereberes* —es decir, «bárbaros»—, por considerarlos deficientemente islamizados y por sus dificultades con la lengua árabe.

Se ha estimado que, en estos primeros momentos, se asentaron en la península ibérica alrededor de 60 000 musulmanes, entre árabes, sirios y, sobre todo, bereberes. Esta cifra representaba una minoría muy significativa frente a la población hispanovisigoda, que en aquel entonces se calcula en varios millones —entre cuatro y seis, tal vez incluso siete u ocho—. Esta desproporción demográfica, claramente favorable a la población autóctona, sugiere que los pactos ofrecidos por el islam a las élites y a la población local debieron de resultar satisfactorios, e incluso bien acogidos. De lo contrario, ni la conquista ni el posterior asentamiento sobre el terreno habrían sido viables. Solo una parte reducida de las élites visigodas, aquellas que ofrecieron resistencia, se vio obligada a emigrar al reino franco para evitar represalias.

En efecto, existen numerosos testimonios que demuestran que, antes de proceder a la conquista militar, los musulmanes ofrecían condiciones ventajosas y trataban de manera favorable a quienes aceptaban pactar de forma anticipada. Estos acuerdos solían incluir garantías de tolerancia religiosa y amplios márgenes de autogobierno local. Como consecuencia, muchas de las ciudades de origen romano que aún subsistían en época visigoda mantuvieron su continuidad bajo dominio islámico, aunque se les añadiera una mezquita para atender al valí, a los primeros conversos y a las guarniciones que, eventualmente, podían instalarse en determinados núcleos estratégicos.

Un caso especialmente ilustrativo de los términos que podían incluirse en estos acuerdos es el conocido como Pacto de Tudmir o Tratado de Orihuela, el único documento de este tipo que se ha conservado para la península ibérica. En él aparecen como partes contratantes un tal Tudmir —Teodomiro, designado como «hijo de los godos»— y Mūsà ibn Nuṣayr. El contenido del tratado, expedido por las autoridades musulmanas, es el siguiente:

En el nombre de Dios, el Clemente, el Misericordioso.

Edicto de ʿAbd al-ʿAzīz ibn Mūsà ibn Nuṣayr a Tudmir ibn ʿAbdush [Teodomiro, hijo de los godos]. Este último obtiene la paz y recibe la promesa, bajo la garantía de Dios y su profeta, de que su situación y la de su pueblo no se verá alterada; de que sus súbditos no serán asesinados, ni hechos prisioneros, ni separados de sus esposas e hijos; de que no se les impedirá practicar su religión y de que sus iglesias no serán quemadas ni desposeídas de sus objetos de culto; todo ello mientras cumpla las obligaciones que se le imponen.

Se le concede la paz a cambio de la entrega de las siguientes ciudades: Uryula [Orihuela], Baltāna, Laqant [Alicante], Mula, Villena, Lurqa [Lorca] y Ello. Además, no deberá dar asilo a quienes huyan de nosotros o sean nuestros enemigos; no deberá causar daño a ninguna persona que goce de nuestra amnistía; ni ocultar información alguna que reciba sobre nuestros enemigos. Él y sus súbditos pagarán un tributo anual, por cada persona, de un dinar en metálico, así como cuatro medidas de trigo, cebada, zumo de uva y vinagre, y dos de miel y de aceite de oliva; en el caso de los siervos, solo una medida. Dado en el mes de Rayab del año 94 de la Hégira [713].

Testigos: ʿUṯmān ibn Abī ʿAbda, Ḥabīb ibn Abī ʿUbayda, Idrīs ibn Maisara y Abū l-Qāsim al-Mazālī.

Así pues, los pactos no solo formaban parte del programa de conquista del islam, sino que estaban concebidos como un mecanismo para estabilizar de forma segura una presencia minoritaria sobre el territorio. Permitían establecer una primera administración que estructurara los gobiernos locales en coalición con las antiguas autoridades visigodas que aceptaran convertirse al islam, y facilitaban la recaudación de impuestos entre los cristianos que optaban por no convertirse, conocidos desde entonces con el nombre de *mozárabes*.

Por el contrario, cuando una ciudad o región ofrecía resistencia, esta era tomada por la fuerza, castigada severamente, y su población reducida a la esclavitud. Tal fue el caso de Tarragona, antigua capital de la provincia Tarraconense romana y sede metropolitana. La precipitada huida por mar de sus autoridades locales, llevándose consigo los bienes de la Iglesia y las reliquias de los mártires Fructuoso, Augurio y Eulogio, justo antes de que la ciudad fuera ocupada por los sarracenos, quedó ampliamente recogida en las crónicas y en la iconografía medieval.

En un primer momento, la vida cotidiana de los habitantes del territorio ocupado cambió poco. Sin embargo, con el tiempo y a medida que se consolidaba la presencia musulmana, las conversiones al islam comenzaron a intensificarse, sobre todo por las ventajas fiscales y sociales que ofrecía esta nueva condición, especialmente para las élites y los grandes propietarios de tierras. La incidencia y progresiva adaptación al nuevo orden se manifiestan con claridad en los registros arqueológicos, particularmente en los cambios observables en el perfil urbano.

Así, ciudades más septentrionales como Girona, que permanecieron bajo dominio musulmán tan solo durante unas pocas décadas —entre los años 713-714 y 785—, conservan escasos restos arqueológicos que ilustren esta etapa, y lo poco que subsiste aparece mezclado con el sustrato local. Un ejemplo excepcional es el cementerio del siglo VIII hallado en Sant Pere de Galligants, donde se han identificado tumbas de rito musulmán junto a enterramientos cristianos. Los análisis de ADN realizados sobre algunos de estos restos han revelado que, efectivamente, uno de los individuos musulmanes enterrados procedía del

Magreb y otro del golfo Pérsico, mientras que los demás pertenecían a población local convertida al islam. En cualquier caso, el urbanismo actual de Girona conserva estructuras y construcciones medievales, pero ninguna de origen islámico.

En cambio, otras ciudades que permanecieron durante siglos bajo dominio musulmán —como muchas de las situadas en la antigua Bética y, en general, en la mitad meridional de la península— muestran una islamización profunda de su urbanismo, su toponimia y su estructura social, elementos que, en parte, han sido heredados y se han transmitido hasta la actualidad.

Un emirato dependiente de Damasco

La primera organización de la península ibérica —tanto en el plano administrativo como fiscal— se basó en los pactos establecidos con la población local y en el reparto de tierras entre los contingentes militares que habían participado en la conquista de Hispania. Los árabes yemeníes se instalaron en las zonas más fértiles del valle del Ebro y en amplias áreas de la antigua Bética, mientras que los árabes del norte se establecieron principalmente en regiones montañosas del centro peninsular. Por su parte, las tribus bereberes se asentaron preferentemente en el Levante, aunque en etapas posteriores se dispersaron por todo el territorio, como refleja la toponimia: en la cordillera Bética, en el interior de la Tarraconense oriental, en el sur de Toledo, en diversas zonas del centro peninsular e incluso en algunos islotes del valle del Guadalquivir.

Lejos de al-Ándalus, en la corte de los califas omeyas, la visión del reparto del botín era muy distinta. La ley islámica estipulaba que los nuevos territorios conquistados debían pasar indivisos a la *ummah*. Sin embargo, los contingentes que habían tomado Hispania consideraban estas tierras como botín de guerra y solo aceptaban entregar al Estado la quinta parte exigida por la ley (*ḫums*).

El califa accedió a esta concesión, en parte porque la enorme distancia geográfica entre el recién creado emirato —entendido como provincia— de al-Ándalus y la capital del imperio en Damasco impedía a los Omeyas imponer su autoridad por la fuerza. No obstante, el conflicto en torno al reparto de tierras no se extinguió con esta cesión. Una vez consolidada la presencia islámica, comenzaron a llegar nuevas oleadas migratorias. Para el año 714, se calcula que entre 150 000 y 200 000 personas se habían trasladado a la península. A ello se sumaban las tensiones persistentes entre bereberes y árabes, que desde el inicio mantenían profundos desacuerdos tanto sobre las proporciones del reparto como sobre la administración de la provincia.

Conviene recordar, además, que una parte considerable de las tierras permaneció en manos de sus anteriores propietarios hispanovisigodos, en virtud de los pactos suscritos durante la fase de conquista, lo que también limitaba el volumen del botín disponible para repartir entre los conquistadores.

Por otro lado, la pretensión de expansión ultrapirenaica protagonizada por los bereberes fue frenada en Poitiers en el año 732, lo que supuso una abrupta reducción del botín de guerra esperado y agravó aún más el conflicto en torno al reparto de tierras en al-Ándalus. Estos desacuerdos derivaron en una crisis importante entre árabes y bereberes durante el periodo comprendido entre los años 740 y 755. En esta lucha por el control territorial también intervenía el componente étnico, ya que —como se ha señalado— los árabes despreciaban profundamente a los bereberes, a quienes consideraban bárbaros. Esta situación culminó en una rebelión bereber que se inició en el norte de África y no tardó en extenderse a la península ibérica.

Ante la gravedad del conflicto, los árabes respondieron trasladando tropas sirias para sofocar la insurrección de los magrebíes. Los sirios lograron imponerse y, como recompensa, consiguieron que uno de los suyos fuera nombrado valí de Córdoba. Este hecho marcó el inicio del dominio de las élites árabes instaladas en al-Ándalus sobre los grupos bereberes, si bien sus intereses comenzaban a distanciarse de forma creciente del poder central omeya en Damasco. Finalmente, en el año 756, coincidiendo —pero también como consecuencia directa— con un cambio dinástico en el califato, el emirato de al-Ándalus aprovechó la coyuntura para proclamarse como una entidad soberana e independiente.

La ruptura: al-Ándalus, emirato independiente

Para comprender la transformación de al-Ándalus de provincia dependiente de Damasco en territorio soberano, es necesario considerar primero las profundas transformaciones que estaba experimentando el islam como consecuencia de su propio éxito y expansión. En efecto, a medida que el imperio islámico crecía territorialmente, la figura del califa evolucionó: dejó de ser simplemente el líder de la *ummah* para convertirse en uno de los personajes más influyentes del Medievo, comparable en poder y proyección con los papas y emperadores cristianos.

No obstante, si bien anexar nuevos territorios al imperio resultaba relativamente sencillo, mantener un control efectivo y sostenido sobre ellos se revelaba mucho más difícil. Muy pronto comenzaron a surgir contrapoderes que fragmentaron el imperio en distintas entidades independientes que, a pesar de la diversidad étnica y de las poblaciones preexistentes, mantuvieron el islam como religión común.

En este contexto, una combinación de factores internos y externos propició que al-Ándalus se constituyera como uno de estos territorios musulmanes independientes:

- **Cambio dinástico en Damasco**. La dinastía Omeya, tras décadas de acumulación de poder y riqueza, fue acusada de llevar un estilo de vida opulento, contrario a los ideales de austeridad promovidos por la moral islámica. Esta tensión derivó en un complot armado que culminó en el año 750 con el derrocamiento y casi total aniquilación de la casa Omeya. En su lugar, ascendió al poder la dinastía abasí, que gobernaría entre 750 y 1258.

- **Luchas étnicas dentro de la *ummah*.** Las tensiones internas afectaron directamente a al-Ándalus, donde, como se ha expuesto, persistían profundos desacuerdos entre las élites árabes y las tribus bereberes en torno al reparto del botín y al gobierno de la provincia. Estas disputas alcanzaron su punto álgido entre los años 740 y 756, provocando una rebelión bereber que tuvo que ser sofocada por la fuerza militar árabe.

La historia demuestra que todo cambio dinástico suele ir acompañado de episodios convulsos, que derivan en transformaciones sustanciales tanto en el centro como en la periferia de los Estados. Al fin y al cabo, un relevo dinástico implica un drástico giro en los intereses que controlan el poder. En este sentido, con la llegada al trono del primer califa abasí, Abū al-ʿAbbās —descendiente de un tío de Mahoma—, se puso en marcha un ambicioso programa de reformas, entre las que destaca la fundación de una nueva capital: Bagdad. La corte se trasladó allí, y se introdujeron nuevos impuestos con el objetivo de asegurar el sostenimiento de las antiguas estructuras imperiales.

En este nuevo contexto, disciplinas como la jurisprudencia islámica, así como la lengua y la literatura árabes, experimentaron un notable impulso. Los abasíes promovieron de este modo lo que se conoce como la época dorada de la cultura islámica.

Una de las reformas de mayor calado fue, sin duda, la que permitió el acceso de personas no árabes a los altos cargos administrativos del imperio. Hasta entonces, este privilegio se había reservado exclusivamente a los árabes, considerados fundadores del islam, pueblo descendiente del profeta y artífices de su expansión. La nueva concepción de la gobernanza iniciada por los abasíes abrió las puertas de la administración imperial a grandes gestores de otras culturas —principalmente persas, pero también bizantinos, griegos e hindúes—, quienes contaban con una amplia experiencia en la gestión burocrática y fiscal, adquirida en los antiguos imperios y reinos a los que habían pertenecido. De hecho, fueron precisamente muchos de estos elementos no árabes quienes respaldaron a los abasíes en el proceso de cambio dinástico, al verse favorecidos por la nueva política de inclusión.

El eco de las grandes reformas emprendidas por los abasíes no tardó en hacerse sentir. El impulso económico generado por estas transformaciones estimuló el comercio a todos los niveles: local, regional y, especialmente, de larga distancia. Coincidiendo con esta etapa, comenzaron a perfeccionarse las técnicas agrícolas heredadas principalmente de la civilización romana, a lo que se sumó una intensa preocupación por la gestión del agua, propia de una cultura originaria de regiones áridas como la península arábiga. Esta combinación favoreció el desarrollo y la implantación de sofisticadas técnicas de irrigación. Asimismo, a través del mencionado comercio de larga distancia, comenzaron a llegar productos procedentes de

Oriente, como las espinacas y el arroz, que pronto se introdujeron también en zonas de cultivo en Occidente.

Sin embargo, no todo fue positivo tras el ascenso de los abasíes. En efecto, heredaron un imperio vastísimo, construido en un tiempo relativamente corto, lo que hizo inevitable el inicio de un proceso de fragmentación. Pronto quedó claro que emires, visires y valís albergaban ambiciones propias y que no desaprovecharían cualquier signo de debilidad del califa para afianzarse. Estos altos funcionarios musulmanes —en principio designados y depuestos por el califa— lograron, a partir de los siglos IX y X, convertir sus cargos en hereditarios, lo que propició la concentración de poder en torno a los clanes o familias que los ocupaban.

Curiosamente, un fenómeno similar se estaba produciendo en los condados creados por el imperio carolingio al sur de los Pirineos desde mediados del siglo VIII. En ellos, los condes —designados inicialmente por el emperador— comenzaron, a partir de finales del siglo IX, a transmitir el cargo a sus descendientes, sin que el poder central franco pudiera frenar este proceso. Ello desembocó en la progresiva emancipación de dichos condados.

Es en este contexto donde debe entenderse el éxito del establecimiento de un emirato independiente en la península ibérica. No obstante, conviene recordar que este nuevo emirato representó, en realidad, el último reducto de la dinastía Omeya tras su aniquilación por parte de los abasíes. El príncipe omeya ʿAbd al-Raḥmān, hijo de madre bereber, logró escapar a la matanza y alcanzar los confines más occidentales del mundo islámico.

Una vez en al-Ándalus, y tras enfrentarse al emir abasí que controlaba la provincia, consiguió imponerse y asumir el poder sobre la península. Así fundó un emirato independiente, al margen de la autoridad de los califas de Bagdad, que pasó a conocerse con el nombre de emirato de Córdoba.

Ya en el poder, ʿAbd al-Raḥmān I (756-788) tuvo que seguir enfrentándose a diversas facciones hostiles, en especial a la del emir abasí, aunque también logró recabar el apoyo de sectores pro-Omeyas. Una de sus principales preocupaciones fue fortalecer el Ejército, objetivo que abordó incrementando la presión fiscal sobre los cristianos. Esta medida contravenía los pactos de sumisión acordados en la fase inicial de la conquista peninsular.

Según los cronistas musulmanes de la época, la justificación que ofreció ʿAbd al-Raḥmān para imponer nuevas cargas fiscales a los mozárabes fue que estos habrían prestado ayuda a las facciones enemigas de su régimen. Sin embargo, aunque las crónicas no lo mencionan, en realidad lo que habían hecho los cristianos fue cumplir con los términos de los pactos originales, apoyando al emir legítimo que había precedido a ʿAbd al-Raḥmān.

Fases del nuevo emirato independiente

El emirato omeya independiente de Córdoba, que se mantuvo durante poco más de ciento cincuenta años (del 756 al 912), atravesó cuatro fases diferenciadas. A continuación se detallan las dos primeras:

- **Fase 1**: Bajo los gobiernos de ʿAbd al-Raḥmān I (756-788) e Hišām I (788-796) se fundó, desarrolló y consolidó el nuevo Estado, logrando superar la oposición inicial de las facciones vinculadas a los antiguos dirigentes designados desde Bagdad para gobernar al-Ándalus. El nuevo sistema político siguió la tradición omeya y basó su poder en una amplia red clientelar, así como en un Ejército compuesto fundamentalmente por mercenarios. La prudencia —o tal vez el cálculo realista de sus fuerzas— fue también una nota característica de ʿAbd al-Raḥmān I: aunque se proclamó emir soberano, nunca asumió el título de califa. Sin embargo, dejó de reconocer la autoridad espiritual de los califas abasíes, lo que, desde la perspectiva andalusí, dejaba vacante dicha jefatura. Como consecuencia, se ordenó que el nombre del califa de Bagdad dejara de mencionarse en las mezquitas del emirato.

Esta fase se caracterizó también por las campañas militares contra los territorios cristianos del norte, en particular el reino de Asturias, mientras que al otro lado de los Pirineos los carolingios comenzaban a consolidar una frontera meridional mediante la creación de condados.

- **Fase 2**: Durante el gobierno de al-Ḥakam I (796-822), el emirato se vio sacudido por diversas revueltas. Por un lado, los mozárabes manifestaron su descontento ante el incremento de los tributos introducido durante el reinado de ʿAbd al-Raḥmān I. Por otro, surgieron tensiones entre distintas facciones musulmanas a raíz de la imposición del *malikismo* como escuela oficial de jurisprudencia islámica en al-Ándalus.

El malikismo, promovido originalmente bajo el patrocinio del califa al-Manṣūr, forma parte de la corriente sunita y fue concebido como una herramienta para unificar las prácticas jurídicas entre los musulmanes. Una de sus características principales fue el establecimiento de una ortodoxia estricta en torno a las enseñanzas del profeta Mahoma, de modo que cualquier interpretación divergente se percibía como una amenaza al orden estatal. Este fue el caso de ciertos grupos *magrebíes* y *fatimíes*, que no se adherían al malikismo y fueron finalmente reprimidos por la fuerza.

A pesar de las convulsiones iniciales, hacia el final de esta segunda fase se alcanzó una relativa estabilidad interna en el emirato. No obstante, el reino de Asturias y el ya consolidado Imperio carolingio —tras la coronación de Carlomagno como emperador en Roma por el papa, en la Navidad del año 800— comenzaban a ejercer una creciente presión hacia el sur y lograban avanzar territorialmente.

- **Fase 3**: Durante los treinta años de gobierno de ʿAbd al-Raḥmān II (822-852) se llevaron a cabo reformas significativas en la organización del emirato. Las estructuras administrativas heredadas de la etapa visigoda —aún vigentes en algunos ámbitos—, así como ciertos modelos bizantinos, se sustituyeron progresivamente por un sistema inspirado en el califato abasí. De este modo, el emirato de Córdoba adoptó el modelo de un Estado centralizado y dotado de una visión más rígida del islam, lo que derivó en una actitud cada vez más intransigente hacia las religiones no islámicas, especialmente el cristianismo.

La consecuencia más inmediata de esta centralización fue la concentración de los órganos de gobierno en el *dīwān* ('diván'), una institución administrativa de alto rango que, hasta entonces, se había encargado fundamentalmente de asuntos económicos y financieros. A partir de esta reforma, el diván pasó a centralizar toda la administración del emirato y asumió la competencia de nombrar a visires y consejeros del emir en sus distintas áreas de gobierno.

Esta reestructuración no supuso la desaparición de las demarcaciones territoriales básicas establecidas tras la conquista, sino su fortalecimiento. Las coras —divisiones administrativas fundamentales— se mantuvieron como la base del aparato territorial. Cada cora contaba con un valí como máxima autoridad civil, una autoridad militar y un juez o cadí encargado de la administración de justicia. Además, cada una de las ciudades incluidas en una *cora* quedaba bajo la autoridad de un *ṣāḥib al-madīna* o 'señor de la ciudad'.

En esta etapa se añadieron nuevas estructuras territoriales adaptadas al contexto de confrontación con los reinos cristianos del norte: las *ṭagr* ('marcas'), demarcaciones militares de frontera destinadas a contener sus avances. Estas marcas fueron tres, dispuestas de este a oeste:

- La **Marca Superior**, delimitada por el valle del Ebro y con capital en Zaragoza.
- La **Marca Media**, inicialmente con capital en Toledo y, en una etapa posterior, en la localidad de Medinaceli.
- La **Marca Inferior**, comprendida entre el Guadiana y el Atlántico, con capital primero en Mérida y luego también en Badajoz.

Con las reformas impulsadas por ʿAbd al-Raḥmān II, el grueso de las rentas del emirato pasó a depender principalmente de cuatro fuentes: el monopolio estatal sobre la acuñación de moneda, la actividad mercantil —con especial relevancia del comercio de esclavos—, la producción de tejidos de lujo y la quinta parte del botín obtenido en las *razias* o *aceifas* (incursiones de pillaje) contra territorios cristianos, que se volvieron cada vez más frecuentes.

La política fiscal continuó fundamentándose en impuestos directos, como el *zakāt*, un diezmo anual que debían pagar los musulmanes sobre sus bienes muebles, y los tributos exigidos a mozárabes y judíos: la *jizya* (impuesto personal) y el *jarāj* (impuesto territorial). Además, cobraron importancia impuestos indirectos como la *qabāla*, que gravaba las transacciones comerciales, en consonancia con el auge del comercio.

Estas reformas permitieron articular un Estado más sólido, capaz de sofocar las disensiones internas y de responder con eficacia tanto a las oposiciones mozárabes como a los ataques externos. Al mismo tiempo, se incrementaron las campañas militares contra el norte cristiano. En paralelo, el recién formado reino de Pamplona —creado con apoyo del emirato y de grupos *muladíes* (cristianos convertidos al islam) como contrapeso al poder carolingio— se mantuvo como aliado de al-Ándalus hasta el siglo X. Todo ello reforzó notablemente la imagen exterior del emirato.

- **Fase 4**: El gobierno de Muḥammad I (852-886) marcó el inicio de un periodo de declive, que se prolongaría hasta la llegada al poder de ʿAbd al-Raḥmān III en el año 912. Esta etapa se caracterizó por la insumisión creciente de los gobernadores de las marcas, muchos de ellos muladíes —cristianos convertidos al islam—, en su mayoría procedentes de antiguas familias aristocráticas hispanovisigodas que, mediante la conversión, aspiraban a conservar su estatus, poder e influencia.

El paradigma de este grupo lo representa la influyente estirpe de los Banū Qasī ('los hijos de Qasī'), una antiquísima familia de origen hispanorromano —los Cassii—, que ya se habían integrado en las estructuras visigodas y, posteriormente, en las musulmanas. Gobernaban el valle del Ebro y, mediante alianzas matrimoniales, se vincularon con el emergente reino de Pamplona, mientras ocupaban la jefatura de la Marca Superior.

No obstante, los Banū Qasī, apoyados por otros muladíes, se rebelaron contra ʿAbd al-Raḥmān II, quien optó por reprenderlos con severidad, lo que desembocó en un conflicto abierto. Su sucesor, Muḥammad I, intentó reconducir la situación otorgando concesiones a los muladíes, como un control más directo sobre la Marca Superior, lo que en la práctica reforzó el poder de la familia rebelde.

Algunos señores territoriales —musulmanes y muladíes— aceptaron estas prerrogativas ofrecidas por el emir como mecanismo de apaciguamiento. Pero en otros casos, los señores locales aprovecharon la situación para desafiar directamente la autoridad de Córdoba e incluso protagonizaron intentos de escisión territorial. Tal fue el caso de Ibn Marwān al-Čillīqī, hijo del gobernador de Mérida, quien en el año 868 se separó del emirato con el apoyo de muladíes y mozárabes, se refugió temporalmente en la corte del rey asturiano Alfonso III, y logró tomar la ciudad de Badajoz y buena parte de su entorno.

Dírham de ʿAbd al-Raḥmān III, 928-929 d. C. expuesto en el Museo Arqueológico Nacional.

Por su parte, ʿUmar ibn Ḥafṣūn, muladí de Bobastro (Málaga), consiguió en el año 880 unir a mozárabes y muladíes en una rebelión contra Córdoba. Su territorio logró mantenerse independiente hasta la instauración del nuevo régimen califal durante la primera mitad del siglo X.

Durante el siglo IX, irrumpieron violentamente en Europa los pueblos normandos —los vikingos—, procedentes de Escandinavia, que llevaron a cabo incursiones de saqueo en varias ciudades de al-Ándalus, entre las que destacan Sevilla y Lisboa. Ante esta amenaza, el emir ʿAbd al-Raḥmān II ordenó la construcción de una flota destinada a hacer frente a los ataques vikingos. Esta inversión en defensa naval no solo permitió repeler futuras incursiones, sino

Emires independientes de *al-Ándalus* (756-929)

- ʿAbd al-Raḥmān I (756-788)
- Hišām I (788-796)
- al-Ḥakam I (796-822)
- ʿAbd al-Raḥmān II (822-852)
- Muḥammad I (852-886)
- al-Mundhir (886-888)
- ʿAbd Allāh (888-912)
- ʿAbd al-Raḥmān III
  - *Emir*: 912-929
  - *Califa*: 929-961

que, con el tiempo, facilitó la expansión marítima del emirato. Gracias a esta capacidad naval, el Emirato de Córdoba logró hacerse con el control de las islas Baleares, que permanecieron bajo dominio del Imperio bizantino hasta el año 903, fecha en la que pasaron a formar parte del ámbito musulmán.

Los primeros reinos cristianos del norte

Mientras los musulmanes de al-Ándalus organizaban el territorio conquistado, se disputaban su reparto interno y lograban desvincularse del control de Damasco mediante la proclamación de un emirato independiente, en el norte de la península los pequeños reductos cristianos que habían resistido la conquista iniciaban una progresiva acometida hacia el sur. Este periodo inicial de resistencia cristiana, que se extiende aproximadamente durante dos siglos, comienza con la batalla —mitificada por la tradición— de Covadonga, en el año 718, y culmina en el año 910 con la fundación del Reino de León.

En realidad, fueron dos los grandes núcleos de resistencia cristiana:

- **La zona costera atlántica**, inicialmente restringida al ámbito cántabro, donde surgieron los primeros focos de oposición al islam.
- **La zona pirenaica**, donde, a partir de mediados del siglo VIII, los carolingios impulsaron la creación de una serie de condados fronterizos, y donde también se consolidó el ya mencionado Reino de Pamplona, promovido inicialmente por el emirato como contrapeso a la expansión franca.

En lo que respecta a la costa atlántica, en los años 718 o 722 aparece por primera vez el Reino de Asturias, una entidad política que se autoproclamaba heredera del legado de los últimos monarcas visigodos. En el transcurso de unas pocas décadas, este reino logró extenderse a lo largo de la franja costera atlántica, incorporando la mitad septentrional de la antigua Gallaecia, así como integrando a pueblos como los astures, los cántabros y buena parte de los vascones. Todos estos grupos, resistentes a la romanización en época antigua, ya habían protagonizado episodios de oposición frente al dominio del Reino visigodo de Toledo.

Todo comenzó con una serie de escaramuzas entre musulmanes y astures en algún punto próximo a la actual localidad de Cangas de Onís —según las crónicas, en la montaña de Covadonga—, donde un cabecilla cristiano, muy probablemente de origen astur y llamado Pelayo, logró infligir una derrota a las tropas del valí islámico de Gijón. Este último intentaba tomar el control de un reducto montañoso en el que se habían refugiado algunos hispanovisigodos fugitivos del sur junto a los pobladores indígenas de la zona. Los rebeldes se resistían al sometimiento y se negaban a pagar los tributos que el islam imponía a los cristianos: la *jizya* (impuesto personal) y el *jarāj* (impuesto territorial).

A diferencia de las crónicas árabes, que describen los hechos de Covadonga como un episodio menor —aunque reconocen su relevancia como el origen de la expansión cristiana—, las crónicas cristianas se encargaron de ensalzarlo e idealizarlo. Le dieron así la forma de un relato fundacional, en el que la figura de don Pelayo —presentado como descendiente de los últimos reyes visigodos— se convertía en el punto de partida para la legitimación política de los caudillos del norte. Las primeras crónicas cristianas, al servicio de un programa de propaganda, comenzaron a referirse a las campañas de expansión emprendidas por estos grupos con el término «reconquista»

Este concepto terminaría por consolidarse y popularizarse sobre todo a partir de la Edad Moderna como nombre de un ideal: la recuperación de un territorio con la intención de restaurar el antiguo Estado visigodo, del que los soberanos cristianos se consideraban herederos legítimos. Todo ello se articulaba en torno a un supuesto antagonismo irreconciliable entre cristianismo e islam, una visión que los intelectuales de la Restauración borbónica —en la segunda mitad del siglo XIX— adoptaron como clave para la construcción de una identidad nacional española. Más adelante, el régimen franquista también se apropió del término «reconquista», utilizándolo para exaltar la supuesta esencia cristiana de España y presentar un pasado unificado y heroico del pueblo español.

Sin embargo —y de forma paradójica—, durante esta etapa inicial, el cristianismo de estos núcleos atlánticos apenas mantenía vínculos con el resto de la Europa cristiana. Las únicas influencias religiosas que recibía procedían del mundo mozárabe, y estas solo comenzaron a intensificarse hacia finales del siglo IX gracias al flujo de peregrinos que se dirigían a Compostela. Hasta entonces, los reinos del norte permanecieron prácticamente aislados del contexto eclesiástico europeo.

El sucesor y yerno de Pelayo, Alfonso I el Católico (739-757), logró extender el Reino de Asturias desde Cantabria hasta Galicia, dando forma a los orígenes del futuro reino asturleonés. El territorio alcanzaba ya más allá de la cordillera Cantábrica, y Alfonso I tomó, además, el control de diversos valles y zonas más llanas del interior. Esta primera expansión territorial no estuvo exenta de conflictos internos, pues tanto vascones como gallegos mostraron su rechazo al nuevo poder y protagonizaron diversas rebeliones contra el rey. A pesar de ello, la cohesión del núcleo cántabro en torno a la figura de Alfonso permitió cierto avance hacia el sur, favorecido además por la revuelta bereber de 740 contra el poder árabe en al-Ándalus.

El río Duero acabó ejerciendo de frontera natural entre al-Ándalus y el naciente reino de Asturias, generando a ambos lados una amplia franja deshabitada o escasamente poblada, que funcionaba como tierra de nadie. Durante esta fase de formación del reino, numerosos miembros de la jerarquía eclesiástica mozárabe emigraron hacia Asturias. Estos clérigos, custodios de la memoria de los últimos reinos visigodos, aportaron los fundamentos ideológicos que permitieron legitimar la nueva monarquía cristiana del norte.

Con Alfonso II (791-841), la corte real y la capital se trasladaron de Cangas de Onís a Oviedo, donde se restauraron ciertas prácticas inspiradas en la extinta corte visigoda de Toledo. En la nueva sede regia se estableció un obispado y se celebró un primer concilio eclesiástico en el año 821. Paralelamente, hacia el año 813, comenzó a forjarse el mito del hallazgo de la tumba del apóstol Santiago en Compostela, lo que dio origen al incipiente flujo de peregrinos.

Iglesia y monarquía quedaron entonces unidas en un proyecto común, aunque previamente tuvieron que superar una importante crisis doctrinal: la introducción en Asturias del adopcionismo, una corriente teológica llevada por algunos clérigos mozárabes. Esta doctrina sostenía que Cristo era hijo adoptivo de Dios y que, por tanto, solo adquirió naturaleza divina tras dicha adopción, no desde su origen. El papa condenó esta idea como herética, y el Imperio carolingio, alineado con Roma, la combatió con firmeza en sus territorios.

Tal corriente teológica surgió en un contexto de fuerte presión, en el que los cristianos mozárabes debían convivir con unos dominadores musulmanes cuyo profeta, Mahoma, había alcanzado su condición divina de forma tardía, no desde su nacimiento, a diferencia de lo que sostenía el canon cristiano sobre Jesús. En este marco, rebajar la divinidad de Cristo se convirtió en una estrategia de supervivencia para estos cristianos sometidos, acercando sus posiciones teológicas a las del islam. El problema surgió cuando, al trasladarse al reino de Asturias, algunos clérigos mozárabes llevaron consigo esta doctrina del adopcionismo.

Alfonso II se enfrentó abiertamente a esta herejía, y su rechazo contribuyó al acercamiento diplomático con la cristiandad europea, especialmente con el imperio de Carlomagno, que reconoció la legitimidad de Alfonso II como monarca y la existencia de su reino. A partir de ese momento, se produjo un florecimiento cultural y artístico en el norte peninsular, del que son muestra destacada algunas de las obras más representativas de la arquitectura asturiana, como San Miguel de Lillo, Santa Cristina de Lena o Santa María del Naranco.

Bajo el reinado de Alfonso III el Magno (860-910), la *inventio* —descubrimiento— de la tumba del apóstol Santiago marcó un punto de inflexión en la historia del cristianismo peninsular y dio lugar a un notable incremento del flujo de peregrinos europeos hacia la península. Aunque es probable que la tumba correspondiera en realidad a Prisciliano de Ávila, influyente hereje del siglo IV, el hallazgo contribuyó decisivamente a reconectar la remota Iberia atlántica con el resto de Europa.

Además, Alfonso III promovió activamente los pactos con Pamplona, el pequeño reino que más adelante sería conocido como reino de Navarra. Este se sostenía gracias a su alianza con los poderosos Banū Qasī y con el emirato que lo había impulsado, precisamente como barrera frente a la penetración carolingia a través de los Pirineos atlánticos. En el año 859, el reino pamplonés sufrió una incursión normanda que arrasó su capital, y su gobernante, García Íñiguez, responsabilizó a los Banū Qasī de no haber impedido la circulación de los barcos normandos por el Ebro.

El episodio provocó que los pactos iniciales comenzaran a resquebrajarse y que Pamplona empezara a buscar aliados en el oeste; así, una coalición de asturianos y pamploneses se enfrentó en el año 859 con los Banū Qasī en la conocida como batalla de Albelda. Al año siguiente, la infanta Jimena de Pamplona y el

La ocupación islámica de la península ibérica (711–756)
El avance musulmán se produjo en varias oleadas sucesivas, que transformaron el antiguo reino visigodo en al-Ándalus.

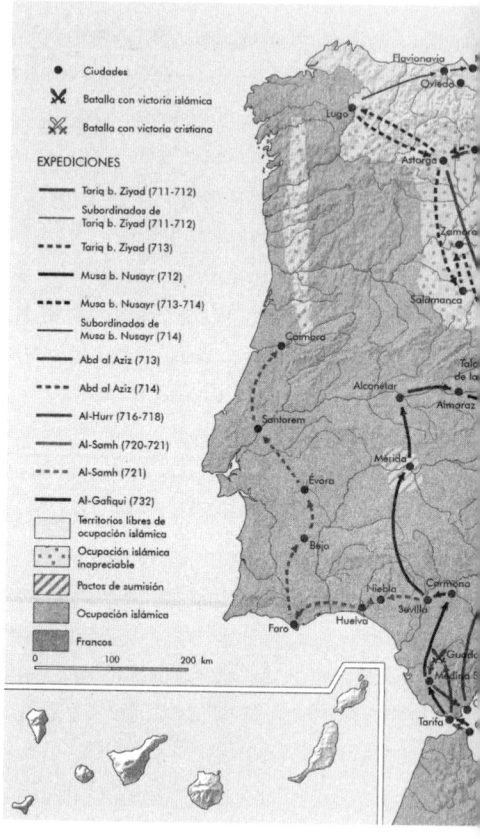

rey de Asturias, Alfonso III —descendiente del linaje de Pelayo—, contrajeron matrimonio; aunque Alfonso acabaría abdicando ante la rebelión de su esposa y de sus hijos, que se repartieron el reino. García, el

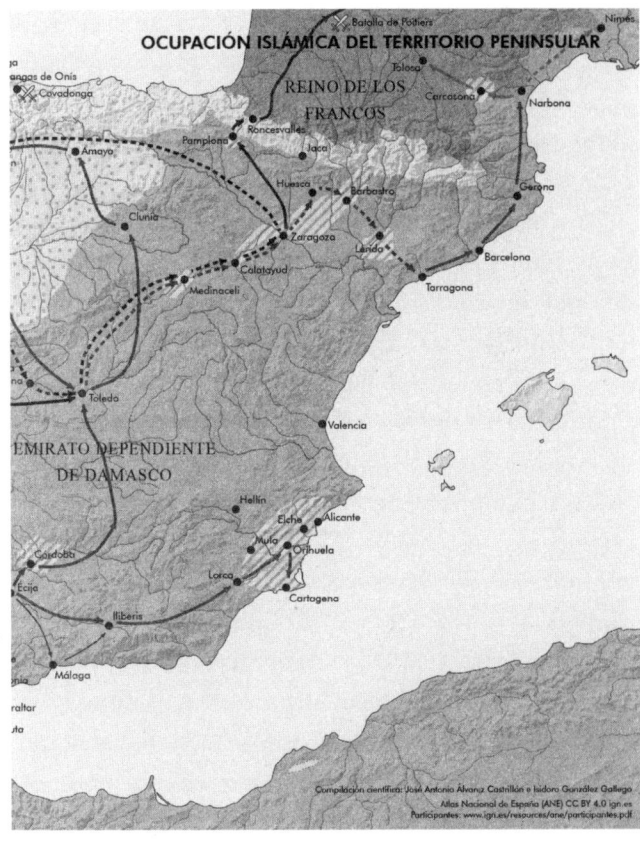

primogénito, heredó León, Castilla y Álava, y trasladó la capital a la ciudad de León, dando así origen al reino homónimo, del que fue rey entre los años 910 y 914. Sin embargo, García no logró expandir el nuevo reino de León, ya que poco después de su ascenso al poder, en el año 912, subía también al trono el enérgico ʿAbd al-Raḥmān III como nuevo emir de al-Ándalus (y futuro califa). En cualquier caso, este cambio reactivó las alianzas entre León y Pamplona.

Ya iniciado el siglo X, el cabecilla de los Banū Qasī, Lope Ibn Muhammad, fue derrotado y murió en el año 908 durante un intento de tomar Pamplona, lo que permitió al rey navarro Sancho Garcés I (905-925) iniciar una expansión hacia los llanos del sur. Navarra significaba 'tierras llanas', y de ahí procede el cambio de nombre que se produjo más adelante. Este proceso de expansión se acompañó de una política de repoblación y estructuración del territorio, mediante la fundación de monasterios estratégicos como el de Albelda.

Otro foco cristiano surgido en este periodo —aunque no adquiriría importancia propia hasta más adelante— fue el territorio vascón de las Bardulias (o Várdulas), situado en el extremo oriental del reino de Asturias y conocido en las crónicas árabes como *al-Qilā* ('tierra de castillos'), en referencia a la organización defensiva del territorio en torno a fortalezas gobernadas por condes. Este fue el germen de la futura Castilla, por entonces el área más expuesta a las razias musulmanas debido a su ubicación geográfica. Una vez más, eran los Banū Qasī quienes tenían en sus manos facilitar o detener el paso de estas incursiones, que accedían a las Bardulias por La Rioja o por el Ebro, dependiendo de las alianzas del momento. Hasta que, aprovechando el debilitamiento progresivo de los Banū Qasī, los castellanos comenzaron a expandirse hacia el sur, encabezados por el conde de Burgos, de nombre Lara. Alcanzaron el Duero en el año 912.

La intervención carolingia: los condados de la Marca Hispánica

La zona pirenaica, en tanto que frontera natural entre la península ibérica musulmana y el reino franco, fue el espacio donde los reyes carolingios, en el marco de su proyecto imperial, implantaron una zona de frontera que acabaría constituyendo el origen de Aragón y Cataluña. A diferencia de la resistencia indígena surgida a inicios del siglo VIII en el área atlántica, en esta región pirenaica la iniciativa de recuperar territorio a al-Ándalus fue un proyecto liderado por los francos, aunque más adelante se consolidara gracias al apoyo y los pactos con las élites locales.

El fundador de la dinastía carolingia, Pipino el Breve (751-768), fortificó la línea pirenaica; pero fue su hijo Carlomagno (768-814) quien impulsó una política expansiva hacia el sur, con el fin de formar una franja de territorio adicional que sirviera de colchón entre francos y musulmanes, y que también permitiera emprender futuras campañas militares. Este territorio, limítrofe con la Marca Superior musulmana, acabaría siendo conocido como Marca Hispánica, y se organizó mediante unidades menores llamadas condados, que se fueron formando y ampliando a medida que crecía la presión franca.

El cristianismo practicado en estos condados pirenaicos —especialmente en su mitad oriental— se caracterizó por su sintonía con el mundo europeo, con el papado y con el rito romano promovido por las reformas litúrgicas de Carlomagno. Cuando se recuperaba una antigua sede episcopal, era habitual que se enviara desde el imperio un obispo carolingio para ocuparla.

Los condes podían ser designados tanto entre la nobleza local como entre los funcionarios francos. En caso de rebelión contra la autoridad real, podían ser sustituidos. A medio plazo, ambas situaciones derivaron en intentos de secesión. En efecto, una vez desaparecido Carlomagno, se produjeron casos de pérdida de control sobre algunos condados, que en ocasiones eran reconquistados por condes vecinos. Estos eran recompensados con el gobierno del condado recuperado, lo que derivó en una creciente concentración de poder.

Además, muchos condes comenzaron a transmitir sus territorios a sus hijos, pasando de ser simples funcionarios designados por el rey a constituirse en vasallos hereditarios. Esta práctica fue finalmente aceptada por la monarquía a cambio de juramentos de fidelidad y compromiso de vasallaje. Un ejemplo destacado es el del conde de Barcelona, Wilfredo el Velloso (870-897), quien logró concentrar varios condados e inauguró la dinastía de la Casa de Barcelona.

Finalmente, la desaparición de la dinastía carolingia y su sustitución por la de los Capetos, a finales del siglo X, fue aprovechada por estos condes para certificar su desvinculación definitiva del vasallaje franco y erigirse en soberanos de sus propios territorios peninsulares, ya fuera manteniendo el título de conde o adoptando el de rey.

Carlomagno había decidido que la frontera pirenaica establecida por su padre Pipino debía adelantarse hasta el río Ebro. Con esta idea, y aprovechando un pacto con los valíes Sulayman ben al-Arabí de Barcelona, Husain de Zaragoza y Abu Taur de Huesca, el ejército de Carlomagno cruzó los Pirineos en el año 778. El acuerdo consistía en que estos gobernadores musulmanes locales aceptarían la sumisión del valle del Ebro y de la costa septentrional tarraconense —Zaragoza incluida— a cambio de apoyo militar frente al emirato omeya de Córdoba.

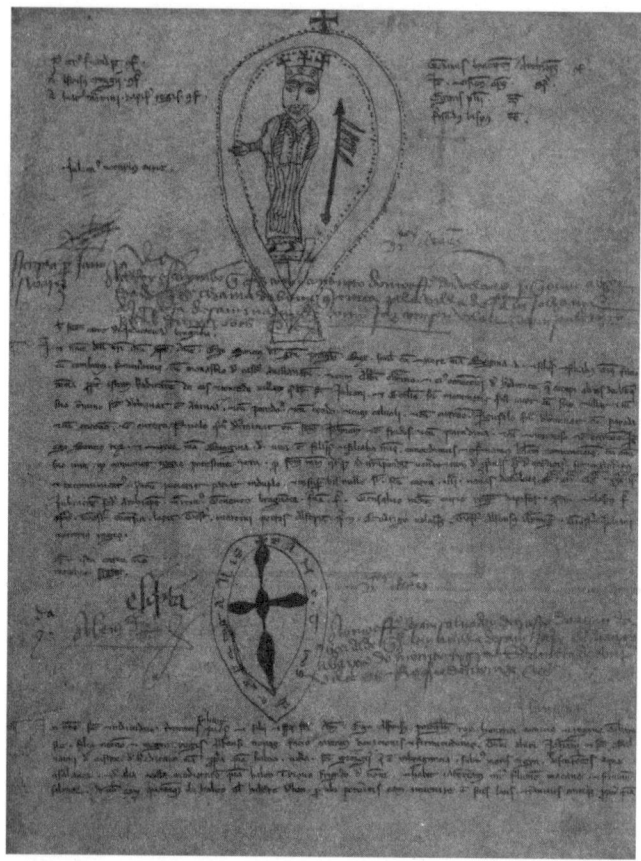

Retrato de Alfonso II de Asturias en un manuscrito del siglo XIII

Esta representación tardía del monarca, impulsor del culto jacobeo, refleja la memoria regia en un periodo de florecimiento cultural.

Puede sorprender que los valíes actuaran en contra de su autoridad central, y aunque algo debió de ocurrir, lo cierto es que, cuando Carlomagno llegó a las puertas de Zaragoza, encontró la ciudad cerrada y el pacto roto. La documentación conservada no permite esclarecer los motivos de este cambio de rumbo.

Sea como fuere, el futuro emperador intentó tomar la ciudad por la fuerza y la sitió durante un tiempo. Sin embargo, al recibir noticias de una sublevación de los sajones, se vio obligado a retirarse precipitadamente hacia el norte para enfrentarse a esta nueva amenaza. Durante la retirada, al pasar por Pamplona, el ejército franco, frustrado, arrasó la ciudad, lo que provocó una violenta respuesta de los vascones, quienes aniquilaron la retaguardia carolingia en el paraje de Roncesvalles. La consecuencia inmediata fue el repliegue franco y la reacción del emir cordobés, que ordenó varias razias de castigo contra los territorios cristianos del norte.

Pese al revés, los carolingios mantuvieron su intención de regresar a la península, aunque optaron por una estrategia más progresiva. En el año 785 tomaron Girona (o más bien, la ciudad se rindió voluntariamente), y en el 801 lograron la rendición de Barcelona tras varios meses de asedio. A partir de ese momento, la frontera se estableció en el eje de los ríos Ter y Llobregat. Ese mismo año se inauguró el condado de Barcelona, cuyos condes liderarían la expansión hacia el sur del conjunto de condados catalanes y que acabarían por emanciparse de los reyes francos cuando, en el año 987, el primer rey capeto reemplazara al último carolingio.

En cuanto a los Pirineos occidentales, los condados del futuro reino de Aragón tuvieron trayectorias diversas. Aunque a inicios del siglo VIII se documentan núcleos de resistencia en los territorios de Aragón, Sobrarbe, Ribagorza y Pallars, esta zona acabó bajo influencia carolingia a través del control ejercido por el condado de Tolosa, y los territorios mencionados terminaron constituyéndose en condados.

El primer conde de Aragón y Sobrarbe, Oriol, fue un noble carolingio, pero sus sucesores ya pertenecían a linajes locales. Así se inauguró la dinastía de Aznar I Galíndez (810-820). Su descendiente, el conde Galindo I Aznárez (844-867), selló una alianza matrimonial con el reino de Pamplona, iniciando una relación estrecha y continuada entre ambas casas. Estas conexiones políticas y familiares serían, con el tiempo, la base ideológica que permitiría a los condes aragoneses considerarse a sí mismos reyes y proclamarse como tales, un paso que los condes de la Casa de Barcelona no llegarán a formalizar, a pesar de su poder y soberanía efectiva.

Las zonas de Ribagorza y Pallars, inicialmente bajo el control del conde de Tolosa, fueron disputadas por los condes de Aragón, hasta que, en el año 872, un líder local llamado Ramón asumió el poder e instauró allí dos condados. Años más tarde, en 916, conquistó también la parte norte del Sobrarbe. Su sobrino, Sancho Garcés, acabaría siendo el primer rey de Pamplona e iniciaría la dinastía Jimena.

El nuevo milenio: el esplendor y la caída del califato de Córdoba (929-1031) frente al triunfo del feudalismo en la órbita cristiana

El porqué del surgimiento de un califato en al-Ándalus

En el año 929, el emirato independiente que se había consolidado en la península ibérica se transformó en un califato. Este cambio tuvo múltiples consecuencias, ya que supuso la ruptura definitiva con el califato de Bagdad y, en cierto modo, implicó la escisión de una parte de la *ummah* bajo el liderazgo de un nuevo califa.

El artífice de este giro político fue el propio emir cordobés ʿAbd al-Raḥmān III, descendiente de los Omeyas —quienes en el año 750 habían sido masacrados por los califas abasíes, por entonces en pleno ascenso—. Otro príncipe omeya, superviviente de la matanza de Damasco, había fundado en al-Ándalus un

Estado propio en forma de emirato independiente casi dos siglos antes. En este contexto, la proclamación del nuevo califato no representaba sino el siguiente paso hacia la reafirmación y consolidación de un Estado soberano con ADN omeya. Además, debe tenerse en cuenta que, en el año 909, ya se había proclamado otro califato en Egipto, lo que empujó a Abd al-Rahman III a actuar, si no quería que al-Ándalus quedara, a su vez, bajo la órbita del califato de El Cairo.

Para comprender las consecuencias de la eclosión de estos nuevos califatos, debe tenerse en cuenta que, en los orígenes del islam clásico, el Estado musulmán se concebía como una unidad indivisible, integrada por toda la *ummah* y encabezada por un único líder, tanto en el ámbito político como en el religioso, sin que se contemplara la posibilidad de que pudieran surgir otros Estados. Por lo tanto, un Estado musulmán no era reconocido como tal si su gobernante supremo no era el califa, lo que explica que, a medida que el imperio original se fue fragmentando en entidades políticas independientes, surgieran en muchos casos califatos paralelos. Queda por determinar si estos «califas paralelos» aspiraban verdaderamente a asumir el califato único o si disponían de los medios necesarios para hacerlo efectivo.

En todo caso, como ya se ha mencionado anteriormente, la institución del califato fue finalmente

Tabla 1. Dinastías califales y califatos medievales	
Dinastías califales	**Califatos surgidos en paralelo**
Cuatro califas ortodoxos (632-661)	
Omeyas (661-750)	
Abasíes (750-1258/1517) • Califas de Bagdad (750-1258) • Califas de El Cairo (1261-1517)	• Califato fatimí (909-1171, Egipto) • Califato de Córdoba (929-1031, al-Ándalus) • Califato almohade (1147-1269, Magreb)
Otomanos (1517–1922)	

abolida en el siglo XX, de modo que muchos Estados contemporáneos de mayoría musulmana funcionan con total legitimidad bajo la fórmula de emiratos o reinos.

Una vez que ʿAbd al-Raḥmān III accedió al poder como octavo emir omeya, en el año 912 y tras heredar el trono de su abuelo Abd Allah, sus primeras acciones se centraron en resolver dos cuestiones de vital importancia para la integridad del emirato: por un lado, contener los intentos expansivos del recién creado reino de León y, por otro, sofocar las rebeliones muladíes que se habían extendido por diversos puntos del emirato durante gobiernos anteriores.

El éxito alcanzado en estas empresas alimentó la ambición del emir, quien, en el año 929, tomó la decisión —sin precedentes en el contexto andalusí— de autoproclamarse defensor de la religión y califa en la mezquita de Córdoba. Se inauguró, así, un periodo de poco más de un siglo (el califato desaparecería definitivamente en 1035) que, aunque breve en duración, constituyó una etapa de florecimiento y esplendor de al-Ándalus en todos los ámbitos.

El efímero, pero esplendoroso, califato de Córdoba

Gracias a las bases establecidas por ʿAbd al-Raḥmān III, el breve pero intenso periodo califal de al-Ándalus se distinguió por su supremacía militar frente a los reinos y condados cristianos del norte, cuya expansión logró contener, así como por un estricto control de la política interior, caracterizado por un marcado autoritarismo y una nula tolerancia hacia cualquier forma de disidencia. Al mismo tiempo, el nuevo califato desarrolló una política exterior decidida y expansiva, consolidando su influencia en la región del Magreb mediante la conquista de Ceuta, Melilla y Tánger, y desplegando una activa diplomacia internacional, tanto con otros entes musulmanes como con la Europa cristiana, incluidos los reyes francos y el papado.

Al ascender al poder, ʿAbd al-Raḥmān III, quien primero fue emir (912-929) y posteriormente califa (929-961), heredó un al-Ándalus profundamente fragmentado, con más de una treintena de territorios escindidos de la autoridad central. Esta situación de caos lo obligó a dedicar casi tres décadas a la reunificación del territorio, combinando acciones militares, terror disuasivo —las cabezas de los rebeldes vencidos eran colgadas en las murallas de Córdoba— y pactos, como era habitual en la tradición omeya.

Una vez consolidada la cohesión interna, ʿAbd al-Raḥmān III concentró sus esfuerzos en frenar el avance de los reinos y condados cristianos: León, Castilla, Navarra y Barcelona. Para contenerlos, en un primer momento recurrió al lanzamiento sistemático de razias. Esta estrategia respondía a una lógica precisa: si el adversario cristiano era atacado por sorpresa y con contundencia, se vería obligado a abandonar la ofensiva y adoptar una postura defensiva, como efectivamente ocurrió. Además, ʿAbd al-Raḥmān III revistió su proyecto bélico de un marcado componente religioso, dotando a sus campañas del carácter de Guerra Santa, tal como se justificaba en el propio Corán:

> Combatid contra aquellos, de los que recibieron el Libro, que no crean en Allah ni en el Último Día, no respeten lo que Allah y su mensajero han prohibido y no sigan la religión verdadera, hasta que paguen la yizia con sumisión y aceptando estar por debajo (Corán, 9,19).

Entre las diferencias más significativas con respecto a su antecesor, destaca el hecho de que el nuevo califa asumiera directamente el mando de las fuerzas militares y emprendiera una intensa campaña de reclutamiento de mercenarios extranjeros. Su objetivo era evitar la dependencia de los ejércitos controlados por señores locales, cuya fidelidad era incierta y que, en el pasado, ya se habían rebelado contra el poder central. Durante su gobierno, además, se fundó una nueva ciudad: Madinat al-Zhara (Medina Azahara).

Gracias a estas decisiones, ʿAbd al-Raḥmān III logró contener la amenaza cristiana del norte e incluso forzó la sumisión del gobernador musulmán de Zaragoza, que aún conservaba cierta autonomía. Para escenificar su superioridad, antes de lanzar un ataque contra el reino de León, coronó como rey de Navarra a García Sánchez I (932-970). En definitiva, los distintos focos de poder —tanto musulmanes como cristianos— que persistían en la periferia de al-Ándalus terminaron por doblegarse ante la autoridad califal; incluso el conde de Barcelona acabó reconociendo la supremacía cordobesa.

Para mantener a los reinos cristianos bajo control, ʿAbd al-Raḥmān III combinó la permanente presión militar con gestos diplomáticos cargados de ostentación. Así, cedió uno de sus médicos para tratar la obesidad de Sancho I de León, apodado el Gordo, y obsequió un elefante al conde Borrell II de

Barcelona, en un gesto que evocaba el regalo que, más de un siglo antes, un califa abasí había hecho llegar al emperador Carlomagno.

A la muerte de ʿAbd al-Raḥmān III, en el año 961, el califato pasó a manos de su hijo, Al-Hakam II, quien, gracias a la consolidación del poder y a la estabilidad interna logradas por su padre, pudo gobernar con comodidad durante quince años. Delegó las tareas administrativas en funcionarios de confianza y orientó su labor al fomento de la cultura y el mecenazgo.

Este periodo representó el punto culminante del esplendor califal. La economía alcanzó un notable dinamismo, impulsado por la expansión del comercio exterior. La existencia de una flota naval, construida más de medio siglo antes por el emir ʿAbd al-Raḥmān II para hacer frente a las incursiones vikingas, permitió consolidar las rutas marítimas y fortalecer los intercambios internacionales. Parte de la política de Al-Hakam II consistió también en mantener una posición firme frente a los reinos y condados cristianos, a los que logró contener con éxito. Mientras que Al-Hakam tenía casi cincuenta años al acceder al poder, su hijo y sucesor, Hisham II, contaba con tan solo once años cuando heredó el trono tras la muerte de su padre en el año 976.

A partir de ese momento comenzó el declive del califato. Como Hisham II era menor de edad, se nombró regente al visir de Córdoba, Al-Mushafi, quien pronto se vio desplazado por la creciente influencia del ambicioso Al-Manşūr (Almanzor). Este último fue acumulando poder con rapidez y, en el año 977, logró apartar a Al-Mushafi. Al año siguiente, en 978, se convirtió en el nuevo regente del califato. El objetivo de Al-Manşūr no era ejercer una regencia provisional, sino instaurar un poder absoluto y duradero. Para lograrlo, promovió la difusión del documento conocido como los «Deseos Piadosos de Hisham II», un manifiesto en el que el joven califa declaraba su voluntad de «apartarse del mundo» y delegaba el gobierno civil en manos de Al-Manşūr. Una vez que se hizo con el control de las finanzas del califato, Al-Manşūr ordenó el aislamiento de Hisham II y de su madre en el palacio, restringiendo su contacto con el exterior a las visitas previamente autorizadas. Al mismo tiempo, desconfiando del ejército califal, organizó una fuerza leal compuesta por esclavos y bereberes, y puso en marcha una campaña de propaganda orientada a presentarse como el único líder capaz de garantizar la defensa del islam. La usurpación del poder por parte de Al-Manşūr puso fin al periodo de estabilidad promovido por la diplomacia de los califas anteriores e inauguró una etapa marcada por frecuentes y violentas razias contra los estados cristianos del norte. Los anales de la época recogen, entre los episodios más relevantes, los saqueos de Barcelona (985), Zamora (995) y Pamplona (1000). Su política incluía la toma de rehenes entre los sectores acomodados para exigir rescates, así como la captura de jóvenes destinados al mercado de esclavos.

Tras la muerte en combate de Al-Manṣūr contra el ejército castellano en el año 1002, la regencia del califato pasó a su hijo, Abd al-Malik, quien desempeñó el cargo hasta su fallecimiento en 1008. Le sucedió ʿAbd al-Raḥmān Sanchuelo, nieto del rey de Navarra, cuyo nombre refleja los vínculos dinásticos establecidos mediante alianzas matrimoniales durante las políticas de paz previas.

Durante toda esta sucesión, Hisham II seguía siendo el califa nominal. Sin embargo, la regencia de Sanchuelo fue muy breve: en el año 1009 fue asesinado tras una revuelta promovida por la aristocracia cordobesa, que depuso definitivamente a Hisham II —fallecido en 1013— y proclamó como nuevo califa a un bisnieto de ʿAbd al-Raḥmān III.

Se inició entonces un periodo de intensas luchas internas, conocido como la *fitna* de al-Ándalus. Este ciclo de enfrentamientos culminó con el exilio del último califa, Hisham III, en el año 1031, lo que supuso la disolución definitiva del califato y su fragmentación territorial.

Nombre	Cargo	Periodo	Observaciones
'Abd al-Raḥmān III	Emir / Califa	912-929/ 929-961	Proclamó el califato
Al-Ḥakam II	Califa	961-976	Hijo y sucesor de Abd al-Rahman III
Hišām II al-Muʾayyad bi-Llāh	Califa nominal	976-1009/ 1010-1013	Figura simbólica durante regencias
Al-Manṣūr (Almanzor)	Regente	978-1002	De hecho, controlaba el poder desde 978, aunque influyente desde 976
'Abd al-Malik al-Muẓaffar ibn al-Manṣūr	Regente	1002-1008	Hijo de Almanzor
'Abd al-Raḥmān Sanchuelo ibn al-Manṣūr	Regente	1008-1009	Nieto de Sancho Garcés II de Navarra
Periodo de anarquía (fitna)	14 califas	1009-1031	Guerra civil y fragmentación del califato

Tabla 2. Califas de Córdoba y regentes

La nueva ciudad califal: Medina Azahara

La construcción de Medina Azahara comenzó en el año 936, protegida por una muralla con torres. Aunque no se consideró concluida hasta cuarenta años más tarde —ya bajo el gobierno de Al-Ḥakam II—, la corte califal y el aparato administrativo comenzaron a trasladarse desde Córdoba a partir del año 945. El modelo urbano y cortesano se inspiró en otras capitales imperiales como Constantinopla, lo que dio lugar a una mayor complejidad ceremonial y a una cultura palaciega marcada por la suntuosidad, tal como relatan las crónicas y confirman los restos arqueológicos.

El declive de la ciudad comenzó abruptamente apenas medio siglo después de su fundación, cuando Al-Manṣūr decidió trasladar la sede administrativa del califato a su propia fundación: Medina Alzahira ('la ciudad que florece'), también cercana a Córdoba, aunque de localización arqueológica aún incierta. En todo caso, la primera destrucción de Medina Azahara ocurrió tras la revuelta de 1009, por orden expresa del nuevo califa Muḥammad II al-Mahdī. Al año siguiente, durante los inicios de la fitna, fue saqueada por contingentes bereberes: sus mármoles y materiales constructivos fueron sistemáticamente desmantelados y reutilizados en otras edificaciones.

Sus ruinas fueron identificadas en el siglo XIX, y a comienzos del siglo XX se iniciaron las excavaciones arqueológicas, aún en curso, que permiten hoy la visita turística a la ciudad extinta.

La fitna, el final del califato y el surgimiento de las taifas

La muerte de Sanchuelo, en el año 1009, marcó el inicio de un periodo de más de dos décadas de guerra civil —la fitna de al-Ándalus—, en el que diversas facciones se disputaron el control del califato. Este conflicto prolongado se extendió hasta el año 1031. Desde Córdoba se intentó en reiteradas ocasiones restaurar el poder en torno a la figura central y carismática del califa, pero los sucesivos mandatarios fracasaron en su intento de frenar el proceso de descomposición política. Al término de la fitna, el territorio andalusí se encontraba fragmentado en más de una treintena de territorios soberanos escindidos del califato.

En el tramo final del califato omeya, los últimos califas se vieron incluso obligados a solicitar ayuda militar a los reinos y condados cristianos, ya que el califa apenas conservaba el control efectivo sobre la cora de Córdoba. Ante esta nueva situación, una asamblea de notables decidió abolir el califato y destituir al último califa, el omeya Hišām III (1027-1031), quien se exilió y halló refugio en Lārida (Lleida), capital de una de las taifas formadas tras la disolución.

Los pequeños territorios autónomos surgidos tras la desintegración del califato, conocidos como reinos de taifas, tenían su base en las antiguas coras y en las aspiraciones de sus gobernadores, quienes, en el contexto de la fitna y con el apoyo de sus respectivas poblaciones locales, emergieron como soberanos de facto. Una vez establecidos, comenzaron a disputar el control territorial con las coras vecinas. Algunas de estas coras fueron realmente efímeras, mientras que otras lograron consolidarse y dar lugar a taifas más extensas y duraderas.

El primer periodo taifa se prolongó hasta la conquista almorávide de al-Ándalus, a finales del siglo XI.

En la pugna entre coras desempeñaron un papel relevante las disputas étnicas, encabezadas principalmente por los bereberes y alimentadas por la rivalidad entre diversos clanes árabes. También algunos muladíes consiguieron proclamarse reyes, como fue el caso del gobernante de la taifa de Santa María del Algarve. Varios de estos antiguos gobernadores llegaron incluso a autoproclamarse califas, lo que contribuyó aún más a la degradación simbólica de dicho título.

Apuntes sobre la sociedad andalusí

La instauración del califato de Córdoba representó el momento de mayor consolidación de la presencia islámica en la península ibérica, tanto en los planos político y militar como en los ámbitos cultural, económico y social. Este apogeo se alcanzó más de dos siglos después de la llegada del islam, es decir, tras ocho o diez generaciones.

En sus primeras etapas, la conversión de los hispanos al islam fue gradual y tuvo como protagonistas a las élites, que adoptaron la nueva fe para conservar su estatus socioeconómico. A partir de ahí, esta comenzó a extenderse de forma progresiva al resto de las capas sociales, de modo que, en el siglo XI, la mayor parte de la población asentada en territorio andalusí ya se encontraba islamizada.

Durante el primer siglo de presencia musulmana, la economía peninsular se centró en las actividades agrícolas y ganaderas. Los recién llegados continuaron explotando un medio rural ya estructurado, aunque pronto introdujeron importantes innovaciones técnicas procedentes de su experiencia en entornos más secos y exigentes. En este contexto, pueden distinguirse dos modos de producción agrícola: por un lado, una agricultura de secano, heredera de la tradición visigoda, poco tecnificada y basada en el cultivo de cereales, que constituía el alimento básico de la mayoría de la población; por otro, una agricultura de regadío que se fue implantando conforme el poder andalusí consolidaba su dominio territorial. Esta última permitió recuperar técnicas hidráulicas de la época romana y combinarlas con otras de origen oriental, que hacían posible un sistema de riego continuo e independiente del régimen de lluvias. Así, canalizaciones, cisternas, norias, presas e incluso acueductos comenzaron a transformar el paisaje rural y posibilitaron una producción intensiva orientada al comercio. Entre los productos más demandados figuraban aceitunas, uvas, granadas, dátiles, cítricos, arroz y diversas legumbres.

Desde los inicios de la conquista, las élites dirigentes de al-Ándalus se asentaron en las ciudades, mientras que la gestión del medio rural quedó en manos de bereberes y muladíes, quienes conformaban la clientela de los grandes propietarios, en su mayoría de origen árabe. A pesar de la relevancia que el campo conservó durante todo el periodo andalusí, una parte importante de la población se concentraba en las ciudades y en sus áreas periféricas rurales. Al-Ándalus logró articular una densa red urbana, fortaleciendo antiguos núcleos de origen romano e incorporando nuevas fundaciones, en estrecha relación con el desarrollo de la actividad comercial. Se estima que Córdoba alcanzó los 200 000 habitantes en su momento de mayor esplendor. Asimismo, la densidad de población fue especialmente significativa en las regiones fluviales y a lo largo del litoral mediterráneo.

La densidad poblacional no era uniforme en todo el territorio, y aunque los musulmanes constituían el grupo mayoritario, la sociedad andalusí se caracterizaba por una notable diversidad cultural, favorecida por la presencia de cristianos y judíos. A su vez, las condiciones de musulmán de origen y musulmán converso (muladí) no eran equivalentes; y, entre los primeros, ya se ha señalado la pluralidad de etnias y procedencias presentes en la península: árabes, persas, sirios, bereberes... entre otros.

Esta heterogeneidad contribuyó al dinamismo y al enriquecimiento cultural de al-Ándalus, aunque también fue origen de tensiones. Los mozárabes, por ejemplo, intentaron conservar su identidad cristiana e incluso hacerla visible en el espacio público, lo que en algunas ocasiones provocó represalias por parte de las autoridades islámicas, posiblemente por considerarse una forma de proselitismo.

Desde un punto de vista estrictamente social y económico, la sociedad andalusí se organizaba en tres grupos: la *ḥaṣṣa*, la *'āmma* y un grupo intermedio sin una denominación específica. El estamento conocido como *ḥaṣṣa* reunía a la élite dirigente. Estaba compuesto por la rama de la familia omeya que se había establecido en la península ibérica a mediados del siglo VIII, junto con otros linajes árabes propietarios de grandes latifundios. También formaban parte de este grupo el alto funcionariado, los jefes militares de alto rango y comerciantes enriquecidos. Aunque era un grupo relativamente cerrado, con el tiempo fue incorporando a otros sectores sociales, como antiguos esclavos, muladíes y judíos. El llamado grupo medio estaba integrado por individuos que, gracias a su formación o competencias en ámbitos administrativos, militares o culturales, mantenían vínculos con la élite o con la administración del Estado. En él se incluían líderes religiosos, expertos en derecho, funcionarios de rango medio, médicos e intelectuales. Algunos mozárabes y judíos, especialmente vinculados a las finanzas y al comercio, también se integraban en este estamento.

La base productiva de la sociedad andalusí se identificaba con la ʿāmma, el amplio grupo de población humilde. Estaba compuesto por bereberes descendientes de las primeras tropas conquistadoras, mozárabes, algunos muladíes y un número reducido de judíos. Sus actividades principales eran la agricultura, la manufactura y el pequeño comercio. En este grupo también se incluían los esclavos, quienes en ocasiones protagonizaron revueltas contra la ḥaṣṣa, como ocurrió en la Revuelta del Arrabal de Córdoba en el año 818.

En el ámbito jurídico, la administración de justicia se basaba en el Corán y la Sunna, que recogían las enseñanzas del profeta y los preceptos de los califas ortodoxos. Desde momentos muy tempranos, su aplicación dio lugar a múltiples interpretaciones, más o menos estrictas, de las que dependieron tanto los niveles de convivencia interreligiosa como las divisiones internas dentro del islam, presentes también en la península ibérica. La figura del cadí, juez ordinario nombrado directamente por el califa, ejercía su función en la mezquita, lo que representaba de forma simbólica la estrecha vinculación entre religión y justicia.

La organización militar de al-Ándalus tenía sus raíces en la formación de la primera *ummah*, donde el grueso de las tropas estaba compuesto por musulmanes conversos, organizados en unidades de caballería ligera y dotados de una notable capacidad de movilización. A este núcleo inicial se sumaron pronto contingentes sirios, cuya presencia se ha documentado desde la fase de conquista de la península. A partir del siglo IX, era habitual recurrir a mercenarios profesionales procedentes de distintas regiones, culturas e incluso religiones, de los cuales hizo amplio uso el califato de Córdoba. A diferencia de otras regiones del mundo islámico, la península ibérica contaba con una extensa línea costera que imponía la necesidad de una vigilancia marítima constante, tanto frente a las incursiones vikingas como ante los ataques del califato fatimí, instaurado en Egipto. Por ello, el litoral meridional se dotó de una red de puertos estratégicos con funciones defensivas en Almuñécar,

Málaga, Fuengirola, Gibraltar, Algeciras, Tarifa y Cádiz. El puerto fluvial de Sevilla, con salida al mar, fue especialmente conocido por sus atarazanas, instalaciones navales que, además de su función militar, repercutieron a corto plazo en la actividad económica de la región.

A pesar de tratarse de una sociedad con una base económica eminentemente rural, el comercio se revitalizó a partir, sobre todo, de la etapa emiral, coincidiendo con la recuperación de las antiguas ciudades hispanas. El desarrollo progresivo de las manufacturas y de la actividad mercantil impulsó el crecimiento de los núcleos urbanos heredados del periodo romanovisigodo, hasta entonces en gran medida adormecidos. Muchos de estos núcleos absorbieron parte de la población rural, que pasó a dedicarse principalmente al sector textil (algodón, lana, lino y esparto) y al trabajo del cuero; en este ámbito destacó Córdoba, especialmente en la curtición realizada por los mozárabes de los arrabales. También adquirieron relevancia la artesanía de la cerámica y el vidrio, así como la orfebrería y la industria vinculada a materiales preciosos, como el marfil. Parte de esta producción se distribuía en los mercados locales y peninsulares, mientras que las mejores piezas estaban destinadas a la exportación hacia la Europa cristiana, el norte de África, Egipto, Siria o Irán, como confirman tanto las fuentes escritas como la evidencia arqueológica. A su vez, se registró la importación de productos exóticos, como el célebre elefante que el califa de Córdoba regaló al conde de Barcelona, ejemplo de los intercambios de lujo entre las élites de ambos mundos.

Las vías de comunicación y distribución comercial en al-Ándalus se asentaban sobre una base romana sólidamente establecida, que fue recuperada y resignificada. Se trataba de una red de caminos y calzadas diseñadas por ingenieros romanos, articulada en torno a un eje central que unía Sevilla con Córdoba y continuaba hacia Toledo, desde donde se enlazaba con Zaragoza. En el ámbito marítimo, la conexión principal partía del litoral de Málaga y avanzaba hacia el norte, pasando por los puertos de Almería, Murcia y Valencia, hasta alcanzar Tortosa. A partir de estos canales internos —tanto terrestres como costeros—, las mercancías se dirigían hacia las fronteras y se integraban en los circuitos del comercio internacional, especialmente a través del Mediterráneo.

El crecimiento de los intercambios comerciales planteó la necesidad de una moneda centralizada, emitida y controlada en exclusiva por el Estado. Aunque los musulmanes introdujeron un nuevo sistema monetario en la península ibérica desde comienzos del siglo VIII, fue durante las etapas emiral y califal cuando este sistema se consolidó, en estrecha relación con el auge del comercio. Las dos principales monedas en circulación eran el dinar de oro —inspirado en el solidus bizantino— y el dírham de plata, que convivían con el felús de cobre, destinado a transacciones menores. Solo el dinar alcanzó el estatus de divisa internacional durante el califato, como lo demuestra su leyenda bilingüe en árabe y latín.

Consolidación de los entes cristianos

Durante el poco más de un siglo que duró el califato de Córdoba, los poderes cristianos surgidos en la etapa anterior vieron temporalmente contenida su expansión territorial. Las políticas califales lograron frenar su avance, pero, como contrapartida, este periodo de estabilidad permitió a dichos entes cristianos consolidar y organizar más eficazmente los territorios previamente adquiridos, en espera de un nuevo impulso ofensivo que no tardaría en producirse tras la desaparición del efímero califato.

El final del reino de Asturias y el surgimiento del reino de León

El núcleo de resistencia surgido en Asturias a comienzos del siglo VIII acabaría dando lugar, dos siglos más tarde, a la fundación del reino de León. Este surgimiento fue el resultado de un proceso de partición y posterior reunificación del territorio tras la muerte del rey Alfonso III el Magno, ocurrida en el año 910.

A su fallecimiento, el reino de Asturias fue dividido entre sus tres hijos: Fruela II recibió Asturias; Ordoño II, Galicia, y García I, Castilla, Álava y León

Esta concepción patrimonialista de los territorios conquistados favorecía la proliferación de nuevos reyes y reinos —a menudo efímeros— que rápidamente eran absorbidos e integrados por entidades más estables. Así, a la muerte de García I, Ordoño II unificó sus dominios con los de su hermano y trasladó la capital de su reino a León. Más tarde, tras el fallecimiento de Ordoño II en 924, Fruela II asumió los territorios de sus hermanos, momento a partir del cual suele considerarse plenamente constituido el reino de León.

Este nuevo reino atravesó una etapa inicial de gran inestabilidad, circunstancia que permitió al califato de Córdoba mantener bajo control sus aspiraciones expansionistas e incluso lanzar numerosas razias, que únicamente fueron contestadas con firmeza durante el reinado de Ramiro II (931-951). Tras neutralizar a varios familiares que aspiraban a su trono, en el año 932 Ramiro logró tomar la fortaleza de Magerit (actual Madrid), en el marco de una campaña que pretendía arrebatar Toledo al poder musulmán, una aspiración que no se concretaría hasta siglo y medio más tarde, bajo el reinado de Alfonso VI de León.

La principal obra política y militar de Ramiro II fue el avance de la línea de repoblación desde el norte del Duero hasta el río Tormes, facilitado por su victoria en la batalla de Simancas, en el año 939. Este episodio supuso probablemente la única gran derrota sufrida por el poderoso ʿAbd al-Raḥmān III durante su prolongado gobierno. El avance repoblador benefició igualmente al condado de Castilla, entonces dependiente del reino de León y liderado por el conde Fernán González.

A la muerte de Ramiro II, en el año 951, la lucha por el poder entre sus hijos debilitó el reino y lo fragmentó en facciones. Esta inestabilidad interna permitió que la presión del califato se hiciera nuevamente sentir sobre León, que se vio obligado a pagar tributos para evitar ataques. Con la llegada al poder de Al-Manṣūr (976-1002), se rompieron los pactos establecidos y se reanudaron las razias: ciudades como Santiago, Astorga, Coímbra, León o Zamora fueron saqueadas por fuerzas musulmanas, en algunos casos con la colaboración de sectores de la nobleza leonesa y gallega. También la nobleza portuguesa prestó apoyo a Al-Manṣūr para facilitar el saqueo de Santiago de Compostela en el año 997.

Durante los años posteriores, coincidiendo con la fitna y la desintegración del califato, Alfonso V el Noble (999-1028) supo aprovechar la debilidad del poder andalusí para consolidar las fronteras del reino y reconstruir la ciudad de León, que desde entonces pasó a convertirse en una gran capital.

Su actividad legisladora y su impulso repoblador le otorgaron fama de rey fuerte, capaz de mantener bajo un vasallaje efectivo a los nobles castellanos y gallegos, si bien por aquel entonces el antagonismo entre Castilla y León ya se había hecho evidente.

Los condados de Castilla y Portucale

Inicialmente subordinados al reino de Asturias y, más adelante, al reino de León, los condados de Castilla y de Portucale (Portugal) acabaron por alcanzar, con el tiempo, una soberanía propia.

Hasta mediados del siglo X, en Castilla predominó un modelo basado en la pequeña propiedad campesina, que había definido el territorio desde sus orígenes. Sin embargo, coincidiendo con la consolidación del califato, el control de amplias zonas fue asumido por nobles laicos y monasterios. El conde Fernán González (930-972) está considerado el primer dirigente castellano que ejerció una independencia de facto respecto a la autoridad leonesa. Su papel en la batalla de Simancas, así como su labor de conquista y repoblación en las zonas fronterizas con el califato, le proporcionaron un poder territorial que reforzó mediante sus alianzas matrimoniales, al casarse con la hermana del rey de Pamplona, García Sánchez I. Ante su creciente autonomía, fue acusado de rebeldía por el rey Ramiro II, quien ordenó su encarcelamiento. Sin embargo, tras un giro en los acontecimientos, fue liberado al año siguiente y, como muestra de reconciliación política, el propio Ramiro casó a su heredero, el futuro Ordoño III de León, con la hija de Fernán González, Urraca Fernández. A la muerte de Ramiro II, en el año 951, se abrió una nueva crisis dinástica en León. En ese contexto, Fernán González logró consolidar su soberanía condal, al punto de pactar directamente con el poder musulmán, al margen del monarca leonés. Así, el condado de Castilla comenzó a actuar con autonomía plena, aunque el reino de Castilla no emergería formalmente hasta el año 1065, con Fernando I como primer rey.

En cuanto al condado de Portugal, este se formó en el año 868 como parte de las conquistas promovidas por el reino de Asturias. La zona de Portucale (actual Oporto) y el título condal fueron entregados a Vimara Pérez, quien recibió el encargo de repoblar y organizar el territorio. Con ello dio inicio a una dinastía condal que perduraría hasta el año 1071. A finales del siglo X, Al-Manṣūr logró hacer retroceder momentáneamente la frontera cristiana hasta la línea del Duero, pero, con la desaparición del califato, la expansión territorial hacia el sur se reanudó.

Diversas vicisitudes —entre ellas su incorporación al reino de Galicia en 1071 y más tarde al reino de León en 1097— precedieron la constitución de un ente soberano que, en el año 1139, adoptó el nombre de reino de Portugal.

El reino de Pamplona y el primer desarrollo de Aragón

El núcleo territorial que, desde el siglo IX, conformaba el pequeño reino de Pamplona —estratégicamente emplazado en el valle del Ebro y con control sobre el paso de Roncesvalles— inició su expansión en el siglo X, con la llegada al poder de Sancho Garcés I (905-925), primer representante de la dinastía Jimena. Con el apoyo del reino de Asturias, este logró desplazar a la hasta entonces reinante dinastía Arista. A partir de ese momento, parte del crecimiento del reino se basó en alianzas estratégicas, primero con el reino de León y, más adelante —y de forma más decisiva—, con los territorios fronterizos de Aragón, Sobrarbe y Ribagorza.

La unión matrimonial entre el rey pamplonés García Sánchez I (925-970) y Andregoto Galíndez, hija del conde Galindo II Aznárez de Aragón, propició que el heredero único, Sancho Garcés II, asumiera el dominio conjunto de Pamplona y Aragón. Sin embargo, aunque vinculados por la figura del monarca, ambos territorios conservaron su identidad institucional hasta su separación tras la muerte de Sancho Garcés III el Grande (1004-1035). Durante el reinado de Sancho el Grande, el reino de Pamplona alcanzó su máxima expansión, integrando aproximadamente un tercio del norte peninsular. A Pamplona y los territorios aragoneses se sumó entonces el condado de Castilla, que por entonces estaba en camino de consolidar su soberanía. Bajo su patrocinio florecieron importantes monasterios en suelo aragonés, algunos con raíces visigodas, como el de San Victorián de Asán y el de San Pedro de Siresa, en la Jacetania, que actuaron como garantes del poder cristiano y vertebradores de las sociedades rurales pirenaicas.

Sancho el Grande fue padre de Ramiro I, considerado el primer rey de Aragón.

En lo que respecta a la Ribagorça, buena parte del condado fue anexionado al reino de Pamplona en el año 1017, como resultado de diversas alianzas matrimoniales previamente establecidas. Estas vinculaciones dinásticas propiciaron que el control del territorio quedara finalmente repartido entre el rey de Pamplona y el conde de Pallars, descendiente de Ramón I del Pallars y la Ribagorza, fundador de la dinastía condal ribagorzana, fallecido hacia el año 920.

Los condados catalanes independientes

Los descendientes de Wifredo el Velloso (870-897), fundador de la Casa de Barcelona, consolidaron el control sobre los principales condados carolingios situados al sur de los Pirineos orientales, desvinculándose de forma progresiva del poder central franco, del que eran formalmente vasallos. Este proceso culminó bajo el gobierno del conde Borrell II (947-992), quien, además de mantener relaciones diplomáticas directas con la Córdoba califal, rompió definitivamente los lazos con la monarquía franca al no recibir respuesta a su solicitud de ayuda frente a las razias de Al-Manṣūr. En el año 988, decidió no cruzar los Pirineos para rendir homenaje al rey, lo que marcó el inicio de una soberanía de facto por parte de los condes catalanes. Sin embargo, la desvinculación oficial no se formalizó hasta el año 1258, con la firma del tratado de Corbeil entre Jaime I, rey de Aragón y conde de Barcelona, y Luis IX de Francia. En dicho acuerdo, el monarca aragonés renunció a sus derechos sobre la Provenza, mientras que el rey francés abandonó cualquier pretensión sobre los antiguos derechos que la monarquía franca había ostentado sobre los condados catalanes.

La independencia lograda por el conde de Barcelona fue interpretada por parte de la nobleza como un vacío de poder, lo que dio lugar a una crisis institucional conocida como la «quiebra de la autoridad condal», que se extendió entre 1017 y 1041. Esta situación coincidió con la irrupción del feudalismo en el ámbito catalán y contribuyó a intensificar sus efectos. A partir de entonces, diversos condes catalanes —algunos de ellos vasallos del conde de Barcelona—, junto con la pequeña nobleza, comenzaron a disputarse el control territorial. Esta pugna provocó una disgregación de la autoridad pública, que permitió a numerosos señores laicos y eclesiásticos privatizar, dentro de sus dominios, prerrogativas que hasta entonces habían correspondido al poder condal. Como resultado, se produjo un deterioro acelerado de las libertades campesinas, acompañado por la casi desaparición de los propietarios libres y su transformación en una clase servil sometida a la autoridad señorial.

Durante los años de irrupción del feudalismo, determinadas figuras simbolizaron la pervivencia del viejo orden político, vinculado al modelo carolingio. Una de ellas fue la condesa Ermesenda de Carcasona, quien, a partir del año 993, ostentó el condominio de los principales condados catalanes —Barcelona, Girona y Osona— junto a su esposo, Ramón Borrell, hasta la muerte de este en 1017. A partir de entonces, compartió el poder con su hijo y su nieto, sobre quienes ejerció además la regencia, así como con su aliado y consejero, el abad Oliva, obispo de Vic. Estas autoridades civiles y eclesiásticas, defensoras del modelo público heredado del orden carolingio, opusieron una fuerte resistencia al abrupto cambio institucional y social que suponía el nuevo orden feudal, caracterizado, entre otros aspectos, por la disolución del monopolio condal sobre la justicia pública. Finalmente, fue el nieto de Ermesenda, Ramón Berenguer I el Viejo (1035-1076), quien terminó por aceptar el nuevo marco feudal y se erigió como el señor con mayor legitimidad mediante el uso de la fuerza, tras sofocar la rebelión del noble Mir Geribert, que llegó a autoproclamarse príncipe de Olérdola.

El sorpaso cristiano: reinos, condados y nuevas coronas. Intentos de recuperación de almohades y almorávides

Tras veinte años de fitna que desembocaron en la extinción del califato cordobés, afloraron una multitud de reinos musulmanes independientes. Los denominados primeros reinos de taifas (1031-1086), surgidos a partir del sustrato de las coras, comenzaron a emitir moneda propia y, sobre todo, a establecer relaciones diplomáticas y pactos —a menudo desesperados— tanto entre sí como con los reinos y condados cristianos del norte, ante la amenaza inminente de ser aniquilados. Se trataba de entes territoriales pequeños, en su mayoría débiles desde el punto de vista político y militar; sin embargo, ello no impidió que las cortes de estos nuevos reyes rivalizaran en lujo y refinamiento con la taifa de Córdoba, último reducto del ya extinto califato, que aún conservó por un tiempo el boato del pasado.

En este contexto peninsular dominado por los reinos de taifas, conviene recordar la figura de Rodrigo Díaz de Vivar (*c.* 1048-1099), conocido popularmente como el Cid Campeador. En sus orígenes, el Cid fue un mercenario cristiano al servicio de distintos reinos cristianos, aunque también prestó apoyo militar a más de una taifa musulmana. Más allá de su fama como guerrero, el personaje resulta singular por haber vislumbrado la posibilidad de establecer un señorío autónomo con epicentro en la ciudad de Valencia, en un territorio rodeado por taifas. A efectos prácticos, puede decirse que el Cid se erigió en rey de una «taifa cristiana», aunque nunca utilizara ese título de forma oficial. Tras su muerte, su esposa Jimena Díaz consiguió mantener la autonomía del señorío/taifa durante algunos años más, hasta que el territorio fue reincorporado al dominio musulmán.

Los reinos y condados cristianos obligaban, en un primer momento, a las taifas fronterizas a entregar grandes sumas de oro como condición para protegerse de ataques o evitar su absorción. En muchos casos, estos pagos incluían también la promesa de protección frente a agresiones de otros reinos cristianos o ante conflictos entre taifas rivales. Por ejemplo, en la Marca Hispánica, las taifas de Lárida (Lleida), Zaragoza y Tortosa pagaron al conde de Barcelona, mientras que la taifa de Toledo hizo lo propio con el rey de

León. Estos pagos, conocidos como *parias*, además de representar una importante entrada de recursos —principalmente en forma de oro— para los cristianos, se utilizaron también con fines propagandísticos. Aunque ese oro otorgó cierta seguridad a las taifas durante un tiempo, lo cierto es que, a lo largo del siglo XI, y con distintos ritmos y justificaciones, la expansión territorial cristiana continuó desarrollándose en paralelo.

Gracias al sistema de las parias, los reinos cristianos pudieron afianzar sus territorios y reforzar su estructura interna para, de forma paradójica, continuar ganando terreno a los propios musulmanes. En cualquier caso, las parias se convirtieron en una fuente de ingresos considerable, hasta el punto de que, cuando en el año 1065 el rey castellano Fernando I repartió su reino entre sus hijos, especificó también cómo debía distribuirse el derecho al cobro de las parias que las taifas de Sevilla, Badajoz, Toledo y Zaragoza pagaban al reino, es decir, se transmitieron los derechos de cobro.

También resulta ilustrativo el caso del conde de Barcelona, Ramón Berenguer I el Viejo, quien, además de sofocar importantes revueltas internas, logró acuñar una moneda de oro propia —imitando el dinar— gracias a la financiación procedente de las parias musulmanas. De ese modo, pudo participar en los circuitos comerciales del Mediterráneo, donde predominaba el uso de moneda islámica.

Sus hijos gemelos y cogobernantes, Ramón Berenguer II y Berenguer Ramón II, continuaron beneficiándose de las parias pagadas por las taifas fronterizas con los condados catalanes. Además, ofrecieron ayuda militar a otras taifas a cambio de nuevas compensaciones en oro. Así, en el año 1077, ambos hermanos cobraron conjuntamente 30 000 dinares por auxiliar a la taifa de Sevilla en una expedición militar contra Murcia. En 1082, Berenguer Ramón II, apodado el Fratricida y ya en el poder en solitario, intervino en favor de la taifa de Lleida en su enfrentamiento con la taifa de Zaragoza; sin embargo, durante la batalla fue capturado por el Cid, quien por entonces luchaba como mercenario al servicio de Zaragoza (aunque es posible que hubiese estado dispuesto a colaborar con Barcelona, ya que el año anterior había ofrecido sus servicios al conde, sin que se alcanzara un acuerdo). La liberación de Berenguer Ramón requirió el pago de un elevado rescate y, a partir de entonces, sus campañas —en las que coincidió de nuevo con el Cid— encadenaron sucesivos fracasos. El episodio culminante llegó en el año 1090, cuando, mientras combatía en Castellón al servicio de la taifa de Lárida, fue capturado nuevamente por el Cid, quien en esta ocasión actuaba como mercenario al servicio del reino de Castilla. El rescate exigido, 80 000 marcos de oro, supuso una grave carga financiera que provocó la quiebra del *Casal* de Barcelona en los años siguientes.

Tabla 1. Primeros reinos de taifas (siglo XI)		
Taifa	**Fecha (propuesta original)**	**Observaciones**
Badajoz	1009	
Alpuente	1009*	Más probable hacia 1011-1012
Tortosa	1009*	Se documenta entre 1010 y 1011
Denia	1010*	Independencia hacia 1011
Valencia	1011	
Albarracín	1012*	Consolidación hacia 1015
Almería	1012	
Arcos	1012*	Desarrollo posterior al 1013
Huelva	1012*	Autonomía documentada tras 1013
Murcia	1012*	Consolidación hacia 1013-1015
Algeciras	1013	
Carmona	1013*	Autonomía posterior al colapso califal
Granada	1013	
Morón	1014	
Ronda	1015	
Santa María del Algarve	1016*	Taifa posterior, *ca.* 1022-1027
Jaén	1018*	Presencia como taifa desde la década de 1030
Zaragoza	1018	

Taifa	Fecha (propuesta original)	Observaciones
Lisboa	1022	
Niebla	1023	
Sevilla	1023	
Málaga	1026	
Silves	1027	
Melilla	1030*	Entidad dependiente, no taifa autónoma
Molina	1030*	Entidad efímera; sin documentación sólida
Córdoba	1031	
Lérida	1031	
Mértola	1033	
Toledo	1035	
Lorca	1042*	Documentada hacia 1044-1045
Calatayud	1046	
Tudela	1046	
Ceuta	1061	
Segorbe	1065*	Consolidación posterior
Talavera	1073*	Dudosa como taifa plena
Mallorca	1076	
Murviedro y Sagunto	1086*	Enclaves puntuales, no taifas duraderas

Tras poco más de medio siglo de existencia, a finales del siglo XI, los reinos de taifas que habían logrado mantenerse terminaron por desaparecer, absorbidos por la llegada a la península ibérica del Imperio almorávide, surgido en el norte de África.

Los almorávides (1086-1146)

En un contexto de fragmentación del poder y del islam en el siglo XI, una dinastía de monjes-soldado bereberes aprovechó la coyuntura para fundar, a partir de 1040, un nuevo imperio islámico en el noroeste de África. Estos monjes-soldado de carácter ermitaño, conocidos como almorávides, pertenecían a la tribu meridional de los Lamtuna y se distinguían por su interpretación rigorista del islam. Su ortodoxia religiosa se estructuró en torno al sunismo malikí y, junto con una eficaz organización militar, les permitió expandirse por el Magreb y, más adelante, por la península ibérica.

Después de alcanzar una extensión territorial considerable en el Magreb oriental, en el año 1070 y bajo el liderazgo de Yúsuf ibn Tasufín (1062-1106), los almorávides fundaron la ciudad de Marrakech, que pasó a desempeñar funciones de capital. A partir de entonces, continuaron su expansión por el noroeste africano y, posteriormente, por el territorio musulmán de la península ibérica, bajo su dominio entre 1090 y 1145. No obstante, el control almorávide sobre al-Ándalus no respondió a un proyecto de conquista explícita, sino que se produjo cuando los monjes-soldado del Magreb fueron llamados por distintas taifas para frenar el avance de los reinos cristianos. Así, en el año 1086, un contingente almorávide solicitado por las taifas del sur peninsular —Sevilla y Badajoz— desembarcó en Algeciras bajo el mando del emir Yúsuf ibn Tasufín y logró contener al rey de León, Alfonso VI. Tras la victoria militar, los almorávides regresaron al norte de África, tal como se había pactado.

La segunda llegada de los almorávides a la península ibérica —esta vez en el año 1090, nuevamente para prestar ayuda a las taifas ante la presión cristiana sobre la costa levantina— tuvo consecuencias de gran alcance. La expedición de 1086 les había permitido constatar una realidad preocupante: un territorio políticamente disgregado, moralmente degradado y, lo que resultaba aún más grave para ellos, con una fe relajada y alejada de la ortodoxia rigorista que ellos profesaban. Esa sería, según las crónicas, la justificación que esgrimieron los almorávides para tomar el control de las taifas e integrarlas en su imperio: restaurar en al-Ándalus la pureza del islam. Por su parte, muchas de las taifas —especialmente las fronterizas— aceptaron de buen grado el dominio almorávide, en parte para librarse de las exigencias fiscales que suponían los pagos de parias a los reinos cristianos.

Y, en efecto, los almorávides impusieron su visión rigorista del islam durante el periodo en que dominaron la mayor parte del territorio musulmán de la península ibérica (1086-1146), lo que tuvo consecuencias tanto para los propios musulmanes como para mozárabes y judíos, quienes pasaron a ser tratados con mayor severidad. Esta ruptura del equilibrio religioso y social generó tensiones, descontentos y alzamientos, factores que deben sumarse a las causas que precipitaron la rápida caída del poder almorávide. Entre ellas destaca la progresiva relajación de una aristocracia que había sido originalmente austera, que empezó a comportarse del mismo modo que los reyes de taifas, adoptando sus lujos y estilos de gobierno. Todo ello facilitó su expulsión de al-Ándalus y contribuyó a que el imperio entero acabara desmoronándose bajo la presión de nuevas tribus bereberes.

El inicio de la decadencia almorávide puede situarse en el año 1118, con la conquista de la Zaragoza musulmana por parte del rey aragonés Alfonso I el Batallador. La toma de esta ciudad estratégica aseguró el control del sector central del valle del Ebro. Los años posteriores de dominio almorávide estuvieron marcados por disputas internas y rebeliones, una situación de inestabilidad que se agravó en el siglo XII y que desembocó en el surgimiento de los segundos reinos de taifas, constituidos tras 1144, lo que volvió a fragmentar al-Ándalus en múltiples núcleos de poder. Sin embargo, desde su aparición, muchas de estas nuevas taifas se vieron obligadas a aceptar el vasallaje de los reinos cristianos, que mantenían su presión militar y su expansión territorial de forma constante.

El intento de restauración de los almohades

Mientras todo esto sucedía en la península ibérica, en el norte de África comenzaba a gestarse un segundo imperio bereber. En esta ocasión, el núcleo inicial del nuevo poder —que acabaría consolidándose como un califato— se situaba en la región del Atlas. El fundador del movimiento fue Ibn Túmart (*c.* 1082-1130), líder político y religioso que, durante su etapa formativa en teología filosófica, recorrió diversas escuelas de Oriente y Occidente, pasando también por Córdoba. Su predicación, de carácter puritano y fuertemente crítica hacia determinadas prácticas sociales —como la mezcla de sexos o el comercio de bebidas alcohólicas— provocó que fuera expulsado de muchas de las ciudades por donde pasaba, acusado de agitador.

Decidido a emprender una profunda reforma basada en lo que él definía como «defensa de la unidad religiosa», Ibn Túmart organizó militarmente su movimiento y comenzó a ganar territorio a lo largo de la franja litoral norteafricana. Finalmente, sus sucesores lograron tomar Marrakech en el año 1147, expulsaron a los almorávides e instalaron allí la corte del nuevo califato, autoproclamado como legítimo heredero del liderazgo religioso islámico. El desembarco almohade en al-Ándalus se había producido unos pocos años antes, a partir de 1145, con la toma de Tarifa y Algeciras. La capital y sede de la corte se estableció en Sevilla, y el objetivo inicial fue conquistar Toledo, empresa que finalmente no se materializó. No obstante, los almohades fueron consolidando su control sobre las distintas taifas y consiguieron pactar con los reinos cristianos, lo que permitió un periodo de paz y el florecimiento de la cultura almohade, con obras arquitectónicas tan emblemáticas como la Torre del Oro o la Giralda de Sevilla, cuya edificación comenzó en el año 1172.

Hacia finales del siglo XII resurgió la belicosidad, y aunque los almohades lograron algunas victorias significativas ante el avance cristiano —como la obtenida en la batalla de Alarcos (cerca de Ciudad Real) en el año 1195, frente a Alfonso VIII—, lo cierto es que la presión de los reinos cristianos los condujo a una situación insostenible. El punto de inflexión llegó en el año 1212, cuando Aragón, Navarra, León y Castilla formaron una coalición ofensiva que logró derrotar a las fuerzas musulmanas en la batalla de las Navas de Tolosa (actual provincia de Jaén). Esa victoria dejó a los cristianos a las puertas de Córdoba y abrió un nuevo periodo de descomposición política en al-Ándalus, marcado por la aparición de nuevas taifas, cada vez más pequeñas y vulnerables a la conquista por parte de los reinos cristianos. Los almohades abandonaron la península ibérica en el año 1229, aunque su imperio no desapareció definitivamente hasta cuatro décadas más tarde.

Avance y configuración definitiva de los poderes cristianos

Después de más de tres siglos de hegemonía islámica en la península ibérica, la desintegración del califato en múltiples taifas dio lugar a una nueva coyuntura: el poder musulmán, hasta entonces dominante, alcanzó un punto de inflexión en su retroceso frente a los poderes cristianos, que supieron aprovechar la debilidad de al-Ándalus. A pesar de los sucesivos intentos de recomposición —primero con los almorávides y después con los almohades—, no se logró frenar el avance cristiano hacia el sur y hacia el Levante. Como consecuencia, tras la batalla de las Navas de Tolosa, los poderes musulmanes apenas conservaban el control de un 25 % del territorio peninsular.

A partir de la segunda mitad del siglo XII, los reinos cristianos del norte intensificaron su expansión hacia el sur, logrando una estructura territorial consolidada que les permitió emprender con éxito la fase final de su avance. Este momento permite hablar ya de un auténtico sorpaso, en el que el poder cristiano pasó a imponerse con claridad sobre los dominios musulmanes en la península.

A este punto de no retorno en el retroceso del poder territorial musulmán contribuyeron, además de la fragmentación interna de al-Ándalus, una serie de factores exógenos. Entre ellos destacan las reformas monásticas de Cluny y del Císter, que impulsaron notables avances agrarios y resultaron decisivas en la consolidación de las dinámicas repobladoras; así como el surgimiento de las cruzadas, campañas militares dotadas de valor sagrado que propiciaron el respaldo papal a las empresas de conquista de los reinos hispánicos.

Precisamente, la ya mencionada batalla de las Navas de Tolosa —librada en 1212 y encabezada por los reyes Alfonso VIII de Castilla, Pedro II de Aragón y Sancho VII de Navarra— fue reconocida como cruzada por el papado. En ella se infligió una severa derrota a los ejércitos del califa almohade Abu Abd Allah Muhammad al-Nasir. Esta victoria cristiana representó un cambio de rumbo a partir del cual comenzó el declive irreversible del islam en la península ibérica, proceso que culminaría con su desaparición en 1492.

Reinos cristianos e Imperio almohade en el siglo XII
Una península fragmentada, entre la expansión feudal y el
dominio islámico.

Será en los siglos XII y XIII cuando se consoliden
las dos grandes coronas peninsulares, fruto de la
unión entre distintos reinos y entes soberanos. Por un
lado, la Corona de Aragón, constituida originalmente
por la unión dinástica entre los condados catalanes
y el reino de Aragón, a la que se fueron incorporando
nuevos reinos con una estructura de tipo confederal;
por otro, la Corona de Castilla, formada a partir de
los reinos de León y Castilla, con una clara voluntad
de asimilación en torno al eje castellano.

El Reino de Navarra y el florecimiento del Reino de Aragón

La vinculación que hasta entonces se había mantenido entre el reino de Pamplona y los condados aragoneses se rompió a la muerte de Sancho Garcés III el Grande (1004-1035), último monarca de la dinastía Jimena, quien repartió sus territorios entre sus descendientes. El reino de Pamplona fue otorgado a García Sánchez III, mientras que los condados aragoneses se dividieron en dos: a Ramiro le correspondió el condado de Aragón, y Sobrarbe y la Ribagorza quedaron en manos de Gonzalo, quien llegó a autointitularse «rey de Sobrarbe y Ribagorza». Su reinado fue breve, ya que fue asesinado en 1042, y sus posesiones pasaron automáticamente a manos de Ramiro. El hijo de este, Sancho Ramírez, fue el primero en firmar con el título de «Rey de Aragón», alegando que su padre, Ramiro I, ya ostentaba esa dignidad, aunque no se conserven testimonios documentales seguros que lo acrediten, más allá de la afirmación de su hijo.

Con el reinado de García Sánchez III (1035-1054), la expansión territorial del reino de Pamplona lograda por su padre se redujo considerablemente. A la muerte de Sancho Garcés IV (1054-1076), el reino quedaba ya circunscrito a Álava, Vizcaya y Nájera, y fue repartido entre el rey de León y Castilla y el rey de

Aragón. De este modo, Pamplona y Aragón volvieron a quedar vinculados durante más de medio siglo, bajo los reinados de Sancho Ramírez (1076-1094), Pedro I (1094-1104) y Alfonso I el Batallador (1104-1134). Estas idas y venidas reflejan con claridad la variabilidad de los límites y extensiones de estos reinos, percibidos y gestionados según una lógica eminentemente patrimonialista. En consecuencia, su integridad territorial solía depender de las políticas familiares y de las alianzas matrimoniales vigentes en cada momento.

Tras diversas vicisitudes, durante el gobierno de García IV Ramírez (1134-1150), Pamplona quedó sometida al vasallaje de Castilla. No obstante, su hijo, Sancho VI el Sabio (1154-1190), supo aprovechar una coyuntura favorable para recuperar la plena soberanía. Con el fin de reafirmarla, a partir del año 1162 sustituyó la fórmula *rex Pampilonensium* por la de *rex Navarrae*, topónimo que haría alusión a las zonas llanas por las que Pamplona se había expandido en épocas anteriores. Sin embargo, la expansión protagonizada durante el siglo XII por Castilla en el occidente y Aragón en el oriente no solo bloqueó cualquier posibilidad futura de crecimiento para Navarra, sino que también la expuso al riesgo de desaparición. Ambos reinos vecinos aspiraban a anexionarse los territorios navarros, e incluso llegaron a firmar tratados de repartición previos a la conquista. Con la muerte de Sancho VII el Fuerte (1194-1234), sin descendencia legítima, el reino pasó a estar gobernado por monarcas franceses durante casi dos siglos, hasta que fue conquistado y absorbido por el primer rey de la corona castellano-aragonesa, Fernando II el Católico, al finalizar la Edad Media.

En Aragón, Ramiro I (1035-1063) no solo logró reunir bajo su autoridad los tres condados contiguos —Aragón, Sobrarbe y Ribagorza—, sino que también consiguió liberarse del vasallaje que lo subordinaba a su hermano, García Sánchez III, rey de Pamplona. Este vínculo obedecía a la tradición jurídica pamplonesa, según la cual el primogénito heredaba el trono y el reino, mientras que los demás hijos, aunque recibieran territorios, quedaban como sus vasallos. La ruptura de ese vasallaje constituyó la semilla del reino de Aragón, al marcar el inicio efectivo de la dinastía Ramírez o dinastía de Aragón. Sin embargo, como ya se ha indicado, fue su hijo Sancho Ramírez (1043-1094) quien se autointituló rey y logró la legitimación papal mediante una hábil maniobra: ceder formalmente el «nuevo reino» a la Santa Sede y declararse vasallo del papa Alejandro II. Esta decisión ofrecía una vía eficaz para protegerse frente a la hostilidad del reino de Pamplona, pero conllevaba una contrapartida: el pago de 500 mancusos anuales a Roma, que comenzó a ejecutarse en 1087 y se mantuvo hasta 1282.

En este periodo, el reino de Aragón era aún un territorio reducido y eminentemente montañoso, sin ninguna ciudad ni núcleo con un mínimo desarrollo urbano que pudiera ejercer funciones de capital. Huesca y, sobre todo, Zaragoza, situadas en la llanura, continuaban bajo control musulmán, por lo que Ramiro I estableció la corte en Jaca. No obstante, mediante una alianza con el conde Ermengol IV de Urgell, logró arrebatar el sur de la Ribagorza a la taifa de Lérida, y consiguió también que el rey de Pamplona le cediera ciertas tierras en la región de las Cinco Villas. Ramiro I protagonizó, además, el segundo momento de vinculación de Aragón con Pamplona, cuando los nobles pamploneses, ante la perspectiva de ser gobernados por un fratricida, optaron por designar como monarca a Ramiro I de Aragón, primo del rey pamplonés asesinado. En ese contexto, se pactó que Alfonso VI de Castilla recibiría una parte del territorio pamplonés.

El rey Sancho Ramírez, responsable del pacto con la Santa Sede, protagonizó una segunda fase de expansión territorial, llevando la frontera aragonesa hasta unos 30 kilómetros al norte de Zaragoza. Aunque no logró conquistar esta ciudad ni Huesca —donde falleció durante su asedio—, sí consiguió establecer posiciones en las zonas llanas del Cinca y de la Hoya de Huesca, donde se levantaron fortalezas

Vista de la fortaleza de Montearagón, emplazada estratégicamente en las estribaciones del Prepirineo aragonés. Fundada por Sancho Ramírez en el siglo XI, desempeñó un papel clave en las campañas militares previas a la conquista de Huesca.

como Montearagón o Castilliscar, y se reforzaron otras ya existentes, como el castillo de Loarre. Jaca fue entonces oficialmente elevada a la categoría de sede regia y, con el fin de atraer pobladores, recibió en 1077 un fuero que garantizaba libertades a sus habitantes. Asimismo, la única sede episcopal del reino, hasta entonces ubicada en Roda de Isábena, fue trasladada también a Jaca. Por su parte, la taifa de Zaragoza se vio obligada a pagar parias al reino aragonés. En cualquier caso, dada la evolución de los acontecimientos, la caída de Zaragoza —y también la de Huesca— era ya solo una cuestión de tiempo.

Dos de los hijos de Sancho Ramírez, Pedro I (1094-1104) y Alfonso I el Batallador (1104-1134), culminaron la conquista del valle del Ebro. El primero logró tomar Huesca y Barbastro; el segundo conquistó Zaragoza, Tudela y Tarazona. Sin embargo, su intento de apoderarse de Lérida y Tortosa fracasó debido a la alianza que estas taifas mantenían con el conde de Barcelona, Ramón Berenguer III. Tampoco logró tomar Fraga, donde murió en combate contra los almorávides. Tras estas conquistas, Huesca, Tarazona y Zaragoza recuperaron su estatus episcopal y, junto con Jaca, quedaron bajo la jurisdicción de la sede metropolitana de Tarragona, recientemente restaurada por Ramón Berenguer III en 1117.

La muerte sin descendencia de Alfonso I el Batallador en 1134 dio lugar a una crisis sucesoria. En su testamento, el rey legaba el reino a las órdenes militares, pero esta decisión no fue acatada por la nobleza aragonesa, que finalmente optó por colocar en el trono al único hermano sobreviviente de Alfonso, Ramiro, apodado el Monje por haber dedicado su vida a la Iglesia, primero como monje y después como obispo. Aunque durante esta crisis se perdieron importantes territorios conquistados por Alfonso el

Batallador, buena parte de ellos fueron recuperados posteriormente por su yerno, Ramón Berenguer IV de Barcelona. La conquista del enclave aragonés más meridional, el señorío independiente de Albarracín —encajado entre Castilla y Aragón— no se produjo hasta 1285, cuando el rey catalanoaragonés Pedro el Grande lo incorporó a su dominio tras derrotar a Juan Núñez de Lara.

Los condados catalanes y la formación de la Corona de Aragón

Tras la disolución del califato de Córdoba, la violenta irrupción de dinámicas feudales en los condados de Ramón Berenguer de Barcelona, apodado el Viejo (1035-1076), lo obligó a asumir el papel de primer conde catalán de corte feudal. Estas nuevas formas de poder, impuestas por la nobleza, ya no reconocían la antigua legislación aplicada por la institución condal desde la época carolingia, cuando esta actuaba por delegación del rey franco.

La crisis de la autoridad condal se ha atribuido, en parte, tanto a la ruptura con la monarquía franca en 987 como al largo periodo de gobierno de su abuela, Ermesenda de Carcasona, quien, entre 991 y 1057, compartió el poder primero con su esposo, el conde Ramón Borrell, y después con su hijo

Berenguer Ramón y su nieto, actuando además como regente de ambos durante sus respectivas minorías de edad. Este excepcional ejercicio de poder político femenino —inaudito para la época y probablemente menospreciado por la nobleza guerrera— habría servido como pretexto para justificar el debilitamiento de la autoridad condal. A pesar de ello, Ermesenda se mantuvo en el cargo hasta apenas un año antes de su fallecimiento, en 1058, a una edad avanzada.

Tras sofocar revueltas significativas como la encabezada por el noble Mir Geribert, Ramón Berenguer el Viejo, ya como gobernante único, comprendió que, para mantenerse en el poder, debía consolidar su posición como señor feudal predominante y aceptar una cesión de competencias jurisdiccionales a favor de los señores locales. Estos pasarían así a ejercer la autoridad judicial suprema en sus respectivos dominios, dejando a sus moradores —especialmente a los campesinos— sin posibilidad de recurrir a la justicia condal.

A partir de estas nuevas reglas del juego surgieron los *Usatges*, un cuerpo de ley consuetudinaria basado en los usos y costumbres propios del feudalismo, que pasó a constituir el marco legal para la nueva administración de justicia. Esta normativa, combinada con las ordalías o juicios de Dios —según las cuales el acusado debía probar su inocencia sometiéndose a pruebas de agua o fuego si era siervo, o mediante una justa judicial si era noble—, desembocó en una sociedad extremadamente violenta. La impunidad de los señores feudales permitía el cobro arbitrario de exacciones y todo tipo de abusos, incluidas las usurpaciones de tierras, lo que provocó la casi total desaparición de los pequeños alodios y transformó a muchos antiguos propietarios libres en siervos de la gleba.

La magnitud que alcanzaron la violencia señorial y los saqueos llevó al abad Oliba, obispo de Vic, a promover la instauración de la Paz y Tregua de Dios, una institución originaria del sur de Francia que establecía la prohibición de ejercer actos violentos en determinados días de la semana y durante las festividades litúrgicas, bajo pena de excomunión. Se delimitó, además, la sagrera, un espacio de treinta pasos en torno a las iglesias rurales, donde quedaban prohibidos tanto la violencia como el saqueo. Con el tiempo, las sagreras pasaron a utilizarse como almacenes agrícolas y de ganado por parte del campesinado de la zona, que acabó asentándose en torno a estos espacios sacros, dando lugar a nuevas villas como Sant Fruitós de Bages, Igualada o La Cellera de Ter.

Ramón Berenguer I fue el primer conde de Barcelona en cobrar parias a las taifas vecinas, práctica que continuaron sus hijos gemelos, Ramón Berenguer II y Berenguer Ramón II, al heredar conjuntamente los condados catalanes en 1076. Este cogobierno se mantuvo hasta 1082, año en que Ramón Berenguer II fue asesinado por su hermano. Tras intentar probar su inocencia mediante un duelo judicial —que perdió—, Berenguer Ramón II fue condenado a participar en las cruzadas en Tierra Santa, de donde no regresó. Al no haber dejado descendencia, el título condal recayó en su sobrino, hijo del hermano asesinado.

Con Ramón Berenguer III el Grande (1092-1131), cuya primera esposa fue María Rodríguez, hija del Cid, se produjo una notable expansión territorial. Esta incluyó la recuperación de Tarragona, el control de las zonas llanas del Urgell y la incorporación de los condados pirenaicos de Cerdaña, Conflent y Ripoll, así como de diversos dominios occitanos. Fue también el primer conde de Barcelona en participar en una campaña marítima: se alió de forma fortuita con una expedición pisana que tenía como objetivo la conquista de la taifa de Mallorca, y que había desembarcado por error en las costas de Blanes. La isla fue tomada entre 1114 y 1115, aunque los almorávides la recuperaron en 1116 debido a la falta de repoblación cristiana que garantizara su defensa. Este episodio es especialmente relevante por la crónica pisana *Liber maiolichinus*, donde se describe al conde como *dux Catalanensis*, rector *Catalanicus* y *Catalanicus heros*, y se designa por primera vez a sus tierras con el nombre genérico de *Catalania*. En todo caso, aparece aquí por primera vez constancia escrita de que los condados del sur de los Pirineos recibían el nombre genérico de Cataluña.

Ramón Berenguer IV (†1162), apodado el Santo, culminó la expansión territorial con la conquista de las taifas de Tortosa y Lérida, territorios que darían forma definitiva al futuro Principado de Cataluña. Pero este conde fue también, junto con Petronila de Aragón, el fundador de la nueva Corona catalano-aragonesa. En el contexto de la crisis sucesoria del reino de Aragón, Ramiro II el Monje tuvo una hija en 1136, a la que comprometieron con el conde de Barcelona en 1137 mediante los Capítulos de Barbastro, aunque el matrimonio no se ejecutó de facto hasta 1150, al alcanzar la reina la mayoría de edad.

Petronila tuvo varios pretendientes, entre ellos Fernando VII de León, quien, durante la crisis sucesoria, llegó a presentar su candidatura al trono aragonés, considerándose legitimado por su condición de hijastro de Alfonso I el Batallador y que incluso se había autoproclamado «emperador». Sin embargo, los nobles aragoneses —quizá recelosos del autoritarismo y la ambición del monarca leonés, quizá porque aspiraban a asegurar una salida al mar— terminaron optando por casar a Petronila con el poderoso, pero proclive al pacto, conde de Barcelona. En el análisis de esta alianza matrimonial suelen pasarse por alto —o subestimarse— otros factores clave, como la estrecha amistad entre Ramiro II el Monje y Ramón Berenguer IV, o el hecho de que, en aquel momento, el título de conde de Barcelona implicaba una soberanía plena y reconocida, como ya habían dejado patente las crónicas pisanas al referirse a Ramón Berenguer III.

Todos estos elementos contribuyen a explicar por qué la unión dinástica no supuso ni una fusión ni una disolución territorial. El pacto establecía que cada país conservaría su integridad territorial, sus instituciones, sus costumbres y sus lenguas propias. Así, cuando Ramón Berenguer IV y Petronila tuviesen descendencia, el heredero recibiría el título de conde de los barceloneses y rey de los aragoneses, y gobernaría en cada uno de los territorios conforme a sus respectivas leyes y usos, tal como quedó estipulado en los capítulos matrimoniales. Por ello, técnicamente se habla de Confederación catalano-aragonesa o Corona catalano-aragonesa, aunque habitualmente se abrevia como Corona de Aragón. Esta última denominación, si bien es la más extendida, puede inducir al error de reducir esta entidad a un único «Reino de Aragón», confundiendo así los términos «reino» y «corona», y relegando o directamente ignorando el

Detalle de la reina Petronila I de Aragón en la genealogía de la Casa Real de Aragón. Su matrimonio con Ramón Berenguer IV, conde de Barcelona, selló en 1137 la unión dinástica que dio origen a la Corona de Aragón.

papel catalán en dicha confederación. Sea como fuere, y aunque los soberanos de la nueva corona fueron titulados oficialmente como «conde de Barcelona y rey de Aragón», lo cierto es que pronto se optó por abreviar el título a «rey de Aragón»—una fórmula que, sin embargo, debe entenderse no como la del monarca de un reino, sino como la del soberano de una corona.

Tras formalizarse el matrimonio de su hija, Ramiro —quien antes de acceder al trono había sido monje y obispo— se retiró al monasterio de San Pedro el Viejo de Huesca, aunque conservó el título de rey de Aragón. Antes de su retiro, dirigió por escrito una exhortación a sus nobles instándolos a obedecer a Ramón Berenguer con la misma fidelidad que le habían mostrado a él. Ramón Berenguer conservó su dignidad de conde de Barcelona, a la que se añadió el título de príncipe de Aragón; Petronila, por su parte, permaneció como reina de Aragón.

El hijo de ambos, Alfonso el Casto (1164-1196), fue el primer conde-rey de la nueva corona. De acuerdo con la práctica habitual, el linaje se transmitió por vía paterna, por lo que resulta natural que tanto la sede como la cancillería de la recién constituida corona se establecieran en el palacio condal de Barcelona, donde ya existía una infraestructura administrativa consolidada. Los reyes y reinas, salvo contadas excepciones, continuaron siendo sepultados en monasterios del Principado catalán, como ya era costumbre entre los antiguos condes.

El dominio sobre los condados ultrapirenaicos occitanos, que Alfonso había logrado conservar, se perdió tras la muerte en combate de su hijo Pedro el Católico (1196-1213), quien cayó defendiendo a sus vasallos cátaros frente a las pretensiones expansionistas del conde de Tolosa y del rey de Francia. La derrota en la batalla de Muret —episodio culminante de una guerra legitimada por el papa bajo la forma de cruzada— supuso la matanza de decenas de miles de seguidores del credo cátaro y puso fin de forma abrupta a las aspiraciones territoriales catalanas al norte de los Pirineos. A partir de entonces, la expansión se orientaría hacia el sur y hacia el mar.

La unión de Cataluña y Aragón bajo la fórmula de una confederación permite comprender por qué, cuando los condes-reyes (a partir de ahora abreviados como «reyes de Aragón» o «reyes catalanes», según las fuentes) incorporaban nuevos territorios, estos eran reconocidos con el estatus de reino y dotados de fueros e instituciones propias. Tal fue el caso del Reino de Valencia, conquistado durante el largo reinado de Jaime I el Conquistador (1213-1276), o el de ciertos territorios de ultramar incorporados posteriormente, como el Reino de Sicilia bajo Pedro el Grande (1276-1285), o los ducados de Atenas y Neopatria, constituidos en el siglo XIV a partir de las conquistas de la Gran Compañía Catalana, integrada por los temibles almogávares. En cualquier caso, a medida que se anexaban nuevos territorios, se añadían títulos y honores a la figura del soberano que ostentaba la corona.

Caso aparte es el del Reino de Mallorca que, aunque fue conquistado por Jaime I, se constituyó como un reino privativo junto con varios condados occitanos. Este territorio fue entregado a su hijo menor, Jaime II de Mallorca (1276-1311), quien inauguró una nueva y breve dinastía real. El reino mallorquín mantuvo la condición de reino privativo hasta que, bajo el reinado de Pedro el Grande, fue conquistado e incorporado de forma definitiva a la corona. La operación incluyó también la isla de Menorca, que durante el reinado de Jaime I había permanecido bajo dominio musulmán, aunque sometida a un pacto de vasallaje con el monarca aragonés.

El nuevo Reino de Portugal

El antiguo condado portugués, dependiente del reino de León, inició su proceso de independencia a partir de 1139 bajo el liderazgo de Alfonso Enríquez, conde de la dinastía de Borgoña que ostentaba el gobierno del condado Portucalense y estableció su corte en Coímbra, donde también fundó un panteón regio en el monasterio de la Santa Cruz.

Tras lograr importantes conquistas territoriales y obtener una destacada victoria en la batalla de Ourique (Bajo Alentejo, 1139), Alfonso fue aclamado rey por sus tropas y logró distanciarse de la autoridad leonesa. Así lo sugiere un episodio legendario según el cual, poco después de Ourique, el arzobispo de Braga le habría impuesto la corona. El hecho históricamente contrastado que consolidaría su soberanía real fue el Tratado de Zamora (1143), mediante el cual Alfonso VII de León no solo reconoció a Alfonso como rey, sino que además le cedió el señorío de Astorga, liberándolo de cualquier vínculo de vasallaje. Conviene recordar que, en este momento, Alfonso VII actuaba bajo el título de «emperador», por lo que el reconocimiento de un antiguo vasallo como rey no suponía una merma para su prestigio ni para su imagen de autoridad suprema.

Ya proclamado rey, Alfonso I de Portugal llevó a cabo la conquista de Santarém y Lisboa, y sostuvo enfrentamientos con el reino de León durante las campañas de expansión cristiana sobre plazas musulmanas. Además, prestó apoyo a Castilla en sus disputas con León. Con el propósito de salvaguardar la independencia del joven reino frente a eventuales intentos de conquista por parte de sus vecinos, en 1179 sometió el reino al vasallaje del papa Alejandro III. Su sucesor, Sancho I (1185-1211), renunció a sus pretensiones territoriales en Galicia y orientó su política hacia el sur, donde impulsó tanto la repoblación de los territorios conquistados como la consolidación de la administración del reino.

Durante el siglo XIII, los monarcas portugueses recurrieron a alianzas matrimoniales con hijas de los reyes de Castilla como estrategia para garantizar la estabilidad en las fronteras. En este contexto, uno de los episodios más destacados fue la guerra interna que, hacia mediados de siglo, enfrentó al rey Sancho II con su hermano Alfonso. Sancho fue depuesto y excomulgado por el papa Inocencio IV, presionado por la nobleza; su hermano ascendió al trono en 1248 tras forzar su exilio. Sin embargo, Alfonso III (1248-1279) también acabó excomulgado al final de su vida debido a sus decididas medidas para limitar el poder de la nobleza y del clero en favor de los concejos urbanos. Entre sus acciones más relevantes se cuentan la prohibición del cobro de diezmos por parte de la Iglesia, la abolición del trabajo obligatorio en las obras públicas y el impulso a la implantación de órdenes mendicantes como los dominicos y los franciscanos en el entorno urbano. Su gran popularidad entre la población llevó a que se le levantara la excomunión poco antes de su fallecimiento.

Le sucedió su hijo Dionisio I (1279-1335), considerado forjador de la identidad nacional portuguesa y artífice de las fronteras definitivas del reino mediante el Tratado de Alcañices, firmado en 1297 con la Corona de Castilla.

La unión de los Reinos de Castilla y León: la Corona de Castilla

La significativa expansión del reino de Castilla a partir del siglo XI puede explicarse en buena medida por la necesidad de disponer de extensas zonas de pasto, esenciales para una economía basada en la ganadería y la trashumancia. Fernando I, quien en 1065 sería reconocido como el fundador del reino de Castilla, había recibido el condado castellano como herencia tras la muerte de Sancho III de Pamplona en 1035. Casado con Sancha, hermana del rey de León Bermudo III, pudo acceder al trono leonés tras la muerte de este en combate en 1037 sin dejar heredero, proclamándose así rey de León.

Una vez logró reunir bajo su corona los reinos de León y Castilla, Fernando I se convirtió en el soberano cristiano más poderoso de la península. En ese contexto, se enfrentó a su hermano García Sánchez III de Pamplona, al que derrotó y dio muerte en la batalla de Atapuerca (1054). No obstante, permitió que su sobrino Sancho Garcés IV sucediera a su padre en el trono pamplonés.

Fernando I también se enfrentó a su hermano Ramiro I de Aragón cuando este intentó conquistar la taifa de Zaragoza. Dado que dicha taifa era tributaria del rey castellano-leonés, Fernando acudió en su defensa, y Ramiro I murió durante el sitio de Graus en el año 1063. La capacidad militar de Fernando favoreció que taifas como Zaragoza, Badajoz, Sevilla y Toledo acordaran el pago de parias a cambio de no ser atacadas y, en caso necesario, contar con la protección del monarca. Estos pactos proporcionaron al rey unos pingües ingresos anuales, que se han estimado en torno a los 40 000 dinares de oro.

Ese mismo año, en 1063, el soberano logró que las reliquias de san Isidoro de Sevilla (*c.* 560-636) fueran trasladadas a León, con lo cual vinculaba simbólicamente sus reinos feudales con el desaparecido reino visigodo. También en 1063 dio a conocer su testamento, en el que preveía el reparto de sus dominios entre sus hijos: el Reino de León sería para Alfonso, el recién constituido Reino de Galicia, para García, y el también nuevo Reino de Castilla quedaría en manos del primogénito, que sería conocido como Sancho II el Fuerte.

La siguiente unión entre Castilla y León se produjo tras las guerras fratricidas entre los tres hijos de Fernando I, quienes aspiraban a concentrar en una sola corona los reinos heredados. En un primer momento, Sancho II de Castilla y Alfonso VI de León se aliaron para conquistar Galicia; sin embargo, poco después, Sancho —con el apoyo militar del Cid— logró usurpar el trono leonés a su hermano en 1072. Su reinado fue breve: la nobleza leonesa, descontenta con su gobierno y alineada en torno a la figura de la infanta doña Urraca, hija del depuesto Alfonso, orquestó su asesinato. Tras la muerte de Sancho, doña Urraca asumió el trono leonés y lo ocupó hasta su fallecimiento en 1126, delegando progresivamente

tareas de gobierno en su hijo Fernando VII, apodado
«el Emperador», quien —como ya se ha señalado—
fue también pretendiente al trono de Aragón. A la
muerte de su madre, Fernando recuperó el control de
Castilla, que había permanecido bajo dominio aragonés a raíz del matrimonio de doña Urraca con Alfonso el Batallador. Durante su reinado, tomó también
posesión de Zaragoza y La Rioja.

A partir de 1138, con los reinos de León y Castilla bajo su control, Alfonso VII centró sus esfuerzos
en la conquista de territorios musulmanes. Para ello,
fomentó la división entre almorávides y almohades
con el fin de debilitarlos y, al mismo tiempo, pactó
con otros reyes cristianos la futura repartición de las
tierras aún no conquistadas. Así, por ejemplo, firmó
con Ramón Berenguer V de Barcelona el tratado de
Tudillén (1151), mediante el cual se acordaba no solo
el reparto del reino de Navarra —al que acababan de
declarar la guerra—, sino también el de los territorios
situados al sur del río Júcar, que quedarían reserva-
dos para la recientemente constituida Corona catalano-aragonesa. A la muerte de Alfonso VII en 1157, sus
hijos Fernando y Sancho heredaron, respectivamen-
te, los tronos de León y de Castilla.

El destino de ambos reinos volvió a separarse,
aunque no por mucho tiempo: en 1230, Fernando III
de Castilla (1217-1252) pasó también a ser rey de

León. La unión definitiva de los dos reinos bajo una sola corona se formalizó mediante la conocida Concordia de Benavente. En ella, Teresa de Portugal —primera esposa de Alfonso IX de León— renunciaba, en nombre de sus hijas Sancha y Dulce, a los derechos sucesorios que estas ostentaban sobre el reino leonés. Con ello, se evitaba una guerra dinástica entre las distintas facciones que aspiraban al trono. Cabe recordar que Fernando III el Santo, rey de Castilla, era también hijo del difunto Alfonso IX, aunque de su segundo matrimonio.

Una vez formalizada la unión, Fernando III, primer monarca de la Corona castellanoleonesa —a partir de entonces conocida como Corona de Castilla—, prosiguió la expansión hacia el mediodía peninsular. Bajo su reinado cayeron sucesivamente plazas como Trujillo, Úbeda, Medellín, Jaén o Sevilla. Sin embargo, fue la conquista de Córdoba en 1236 —ciudad que durante más de cinco siglos había sido capital y símbolo del poder andalusí en la península— la que supuso un golpe definitivo, otorgando a la corona el favor y la protección del papado. Asimismo, durante su reinado comenzaron las obras de las catedrales góticas de Burgos y León.

Estando aún con vida, pero gravemente enfermo, Fernando III delegó en su hijo Alfonso X el Sabio (1252-1284) la dirección de algunas campañas militares.

Alfonso heredó una corona con finanzas sólidas y un territorio de gran extensión; completó la conquista del valle del Guadalquivir y sumó el reino de Murcia gracias a una cesión pactada con Jaime I de Aragón. Su proclamación como «rey de Romanos» —título que lo convertía en emperador en potencia, pendiente aún de la coronación papal— por parte de una delegación pisana, fue el pilar sobre el que basó una política autoritaria que, sin embargo, no impidió que su propio hijo, Sancho IV, se rebelara y fuese proclamado rey sin su consentimiento.

El reinado de Alfonso X ha sido considerado como una etapa de carácter transformador, ya que, entre otras medidas, el monarca estableció la primacía del Reino de Castilla sobre los demás territorios que componían la corona. Esta decisión sentó las bases ideológicas sobre las que más adelante se articularía la noción de una España unificada y moderna. Supuso, por tanto, una diferencia fundamental respecto al modelo más de espíritu federal que había caracterizado a la Corona catalano-aragonesa desde su constitución casi un siglo antes. De hecho, será la misma Corona de Aragón la que, con el paso del tiempo, mostrará resistencias para no quedar subordinada a la hegemonía castellana tras la futura unión dinástica de ambos entes peninsulares al final de la Edad Media.

Final de la Edad Media hispana e imposición de la hegemonía cristiana

La crisis del siglo XIV y la llegada de la peste negra

En Europa occidental, el siglo XIV fue un periodo de profunda crisis, cuya manifestación más devastadora fue la aparición de la peste negra a finales de la década de 1340. Sin embargo, la propagación de la epidemia fue el resultado de una concatenación de factores previos: en primer lugar, el enfriamiento climático asociado al inicio de la denominada «Pequeña Edad de Hielo», que se prolongaría hasta el siglo XVIII; a continuación, un marcado descenso en la producción agrícola, seguido de episodios recurrentes de hambruna y debilitamiento generalizado de la población. En este contexto de vulnerabilidad, la bacteria *Yersinia pestis*, llegada desde Oriente, encontró las condiciones idóneas para expandirse por el Mediterráneo, Oriente Próximo y el norte de África. Esta misma bacteria había sido la responsable, a mediados del siglo VI, de una gran epidemia, durante el reinado del emperador Justiniano, que afectó severamente a la población del antiguo Imperio romano oriental, en un escenario que también combinaba alteraciones climáticas, escasez de alimentos y colapso demográfico.

Puede afirmarse que la Edad Media se inauguró con una gran pandemia de peste y comenzó su declive bajo los efectos devastadores de otra. En la península ibérica, la propagación de la enfermedad se dejó sentir con especial intensidad en Cataluña, aunque también afectó, en mayor o menor medida, al resto del territorio. Los puertos y los caminos interiores que comunicaban con la costa actuaron como principales vías de contagio, con un impacto desigual según la zona. El Reino de Valencia, pese a contar con litoral y puertos activos, experimentó una incidencia relativamente baja; en cambio, en el interior peninsular, las regiones meridionales sufrieron la pandemia con mayor severidad que las septentrionales. La elevada mortalidad se cebó particularmente en la población más joven —especialmente recordado es el episodio de 1362, conocido como «la mortandad de los niños»—, mientras que las personas de edad más avanzada se vieron, en términos generales, menos afectadas por la cepa. A lo largo del resto del siglo XIV y durante todo el siglo XV, se sucedieron diversos brotes epidémicos, que provocaron oscilaciones económicas significativas y un malestar social persistente.

La crisis generalizada desembocó en varios conflictos armados, entre los que destacan la guerra entre las coronas de Aragón y Castilla —la conocida como Guerra de los Dos Pedros (1356-1369)—, la guerra civil castellana (1366-1369) y, ya en el siglo siguiente, la guerra civil catalana (1462-1472). La combinación de epidemias, guerras y crisis alimentarias provocó un marcado descenso de la población. Este fenómeno, unido al éxodo hacia los núcleos urbanos, aceleró la despoblación de amplias zonas rurales. En muchas de ellas, la recuperación demográfica no comenzará hasta bien entrada la Edad Moderna.

La unión dinástica entre las coronas castellana y aragonesa

Tras un largo periodo de formación y consolidación de diversos reinos y entes soberanos, finalmente aglutinados en dos grandes coronas —la de Aragón (1150) y la de Castilla (1230)—, en la segunda mitad del siglo XV surgió la posibilidad de unir ambas mediante un pacto matrimonial. Esta unión dinástica, sin embargo, no supuso la disolución de las dos en una sola entidad política, al menos no de forma inmediata.

La articulación de la Corona de Castilla a partir de 1230 permitió, en un primer momento, que los distintos reinos y ciudades que la conformaban mantuvieran sus leyes y costumbres. No obstante, con el tiempo se fue imponiendo un derecho de carácter castellanoleonés, estructurado en torno a las Siete Partidas, el cuerpo legislativo redactado a mediados del siglo XIII bajo el reinado de Alfonso X el Sabio.

A lo largo del siglo XIV, uno de los acontecimientos más relevantes fue el ascenso al trono castellano de la dinastía Trastámara, que se inició con la proclamación como rey de Enrique II (1366-1367). Este episodio dinástico se enmarca en el contexto más amplio de la Guerra de los Cien Años, que enfrentaba a las coronas de Francia e Inglaterra. A partir de entonces, los Trastámara consolidaron su poder mediante una activa política de alianzas matrimoniales, que les permitió extender su dominio sobre buena parte de la península. Así, esta casa real gobernó en Castilla (1369-1555), en Aragón (1412-1516) y en Navarra (1425-1479/1512-1555). Entre sus reformas institucionales destaca la creación del Consejo Real en 1385, que fortaleció la autoridad monárquica frente a la nobleza.

Por su parte, la Corona de Aragón, además de las conquistas de Valencia y las Baleares, protagonizó una notable expansión mediterránea durante los siglos XIII y XIV, que incluyó el dominio prolongado de Nápoles y Sicilia. El momento de máximo esplendor llegó en 1443, cuando Alfonso el Magnánimo trasladó su corte de forma permanente a Nápoles, convirtiéndola en un centro irradiador del humanismo en el sur de Italia. Constituida ya como potencia mediterránea, la Corona compitió comercialmente con otras grandes ciudades-Estado como Pisa y Génova, gracias a su potente flota y a la instauración de consulados de mar en distintos puertos.

Este proceso de expansión se vio interrumpido por el impacto devastador de la peste, que afectó con particular crudeza al Principado de Cataluña y a su capital, Barcelona. La crisis sanitaria agravó un malestar social latente en el mundo rural feudal, que comenzó a manifestarse de forma abierta, y se sumó a las tensiones urbanas y al progresivo deterioro del equilibrio pactista entre la monarquía y la nobleza catalana. La coyuntura desembocó en una crisis institucional, catalizada por el conflicto entre el rey Juan II y su hijo, el príncipe de Viana, que derivó en la guerra civil iniciada en 1462. En ella se enfrentaron, por un lado, el monarca y los payeses de remensa, y por otro, la nobleza feudal y las oligarquías urbanas.

El conflicto devastó la economía y la demografía catalanas, que no empezarían a recuperarse hasta bien avanzado el siglo XVI. En contraste, el Reino de Valencia, menos afectado por la peste y la inestabilidad política, vivió un periodo de notable prosperidad.

Entre 1410 y 1412, la Corona catalanoaragonesa se vio sumida en una crisis sucesoria tras el fallecimiento, sin descendencia legítima, de Martín el Humano, lo que puso fin a una línea dinástica ininterrumpida de más de cinco siglos de la Casa de Barcelona, que se había iniciado en la segunda mitad del siglo IX con Wifredo el Velloso. La resolución del conflicto llegó mediante el denominado Compromiso de Caspe (1412), un proceso electivo que, pese a las controversias —pues algunos compromisarios actuaron bajo la influencia directa de los intereses castellanos—, culminó con la elección del infante castellano Fernando de Antequera, de la dinastía Trastámara. Su entronización como Fernando I de Aragón marcaría el inicio de una nueva dinastía que, con el tiempo, facilitaría el acercamiento definitivo entre ambas coronas, consolidado con la figura de Fernando II (1479-1516), cuarto Trastámara en reinar en ocupar el trono de la Corona de Aragón.

La unión de las dos principales potencias peninsulares, las coronas de Castilla y Aragón, se selló en 1469 con el matrimonio entre los Reyes Católicos,

Fernando II de Aragón e Isabel I de Castilla, primos segundos que contrajeron nupcias tras recibir una bula papal que dispensaba el impedimento de consanguinidad. Bajo su reinado se completó el proceso de expansión territorial cristiana, se decretó la expulsión de los judíos de la península ibérica, se promovió la expedición que condujo al «descubrimiento» del continente americano y con su reinado, se abrió el camino hacia la Edad Moderna. La heredera de ambas coronas fue Juana I —apodada la Loca—, hija de los Reyes Católicos. Sin embargo, no pudo ejercer el poder de manera efectiva, ya que fue apartada de la vida política y confinada en Tordesillas por su esposo, Felipe el Hermoso, hijo primogénito del emperador Maximiliano I del Sacro Imperio Romano Germánico.

El reducto islámico: el reino nazarí de Granada

En la península ibérica, los siglos XIV y XV fueron una etapa de transición para un menguante poder musulmán, ya reducido a un único núcleo en el sur: el Reino nazarí de Granada (1232-1492). Pocos años después de la victoria cristiana en la batalla de las Navas de Tolosa (1212) sobre los almohades, un descendiente de los antiguos soberanos de la taifa de Zaragoza —que ya se hallaba bajo dominio de la Corona de Aragón— consiguió hacerse con el control de un extenso territorio. Durante su momento de máxima expansión, abarcaba una superficie equiparable a las actuales provincias de Granada y Málaga, así como partes de Cádiz y Jaén, aunque con el tiempo este dominio se fue reduciendo.

Los orígenes del reino se sitúan en el año 1232, cuando el caudillo fronterizo Ibn al-Ahmar, conocido como Muḥammad ibn Naṣr, se proclamó sultán en Arjona tras sublevarse contra Ibn Hūd de Murcia. Al año siguiente tomó Jaén y poco después se le unieron las plazas de Almería, Málaga y Granada. En esta última se estableció la corte del nuevo reino, oficialmente constituido en 1238 con la proclamación de Muḥammad ibn Naṣr como emir. En la colina de la Sabika, donde se había erigido una alcazaba, comenzó a edificar la residencia fortificada de la Alhambra, que con el tiempo se consolidó como uno de los palacios medievales más fastuosos y mejor conservados del islam occidental.

Una primera pérdida territorial se produjo al poco tiempo, cuando en 1246, el rey de la corona castellana, Fernando III, asedió Jaén y obligó al emir a pactar la entrega de dicha ciudad y el pago de parias a cambio de respetar la integridad del resto del territorio. Gracias a estas cesiones iniciales, Muhammad I consiguió inaugurar una meritoria etapa de estabilidad y prosperidad en un reino musulmán pequeño y aislado como lo era el nazarí, donde la diplomacia fue la base de su política y la cordillera Penibética actuó de barrera frente al mundo cristiano peninsular.

A partir del siglo XIV, el Reino nazarí, aunque todavía estable en términos institucionales, adoptó una política exterior basada en el equilibrio entre los distintos poderes peninsulares. Para mantenerse a salvo del expansionismo cristiano, recurrió con frecuencia a pactos y apoyo militar, especialmente de la Corona de Castilla. En paralelo, buscó respaldo en los reinos musulmanes del Magreb cuando surgieron disputas fronterizas o amenazas desde el otro lado del estrecho. Esta estrategia de alianzas cruzadas, aunque eficaz en el corto plazo, dejó al reino en una posición de dependencia política que se revelaría frágil en décadas posteriores.

El declive del reino se acentuó durante el siglo XV, marcado por una prolongada sucesión de conflictos internos que socavaron la escasa cohesión que aún conservaba el pequeño Estado. Sin ir más lejos, Abu ʿAbd Allāh (Boabdil en los textos cristianos y último rey de Granada) ascendió al trono en 1482 tras una revuelta popular, pero la precariedad del momento facilitó que en 1483 fuera capturado por Castilla. Hasta 1486 no fue liberado, a cambio del pago de más tributos. Su retorno al gobierno no logró evitar una nueva crisis entre los diversos pretendientes al trono nazarí, y los castellanos no dejaron de aprovechar la coyuntura para avanzar hasta las puertas mismas de Granada.

Después de varias maniobras de asedio y de desgaste, finalmente la ciudad capituló a inicios de 1492 y se hizo entrega de sus llaves a los asediadores: Fernando de Aragón e Isabel de Castilla, los Reyes Católicos, quienes, mediante la unión de sus respectivas coronas y ejércitos se habían conjurado para tomar Granada y culminar así su proyecto peninsular. El exilio a Fez de Boabdil simbolizaba el final definitivo de casi ocho siglos de presencia política musulmana en Iberia y en Europa.

Sin embargo, en virtud de los pactos alcanzados tras la capitulación de Granada, a la población musulmana se le permitió permanecer en el territorio ahora bajo dominio cristiano y continuar practicando su religión. Así, en muchos lugares —con núcleos especialmente destacados en Andalucía y en el Reino de Valencia— persistieron comunidades de moriscos, aunque sometidas a una constante presión para que se convirtieran al cristianismo. La imposición final de la hegemonía religiosa cristiana generó diversas revueltas, cuya represión desembocó en la expulsión definitiva de los moriscos a comienzos del siglo XVII, durante el reinado de Felipe III. Esta medida provocó un grave problema de despoblación en las zonas rurales, lo que suscitó numerosas quejas entre los terratenientes cristianos y puso en evidencia el peso demográfico que aún tenía la población de origen islámico, así como su papel clave en el aprovechamiento agrícola de los terrenos más áridos.

La expulsión de los judíos

A lo largo de este libro se ha hecho referencia a una «península ibérica musulmana» que los Omeyas conquistaron a los visigodos en una operación relámpago y que, paulatinamente, se fue transformando de nuevo en una «península ibérica cristiana» mediante una frontera dinámica que avanzaba hacia el sur y sureste a medida que surgían y se consolidaban los diversos reinos cristianos.

Sin embargo, resulta imposible aplicar la expresión «península ibérica judía», ya que este grupo nunca intentó imponer su paradigma religioso ni articuló un proyecto político o territorial en suelo de la península ibérica. Se calcula que los judíos constituían entre un 6 y un 7 % del total de la población en la Corona de Aragón y que estaban mínimamente presentes en todas las ciudades con actividad comercial, especialmente en las costeras.

Porcentualmente eran pocos, pero no por ello quedaron al margen de los conflictos violentos. Fueron objeto de diversos ciclos de persecución a causa o con la excusa de su religión, persecuciones que comenzaron ya en época visigoda, cuando la facción católica de base romana se impuso sobre la arriana, identificada con los godos. Así, el rey visigodo —aunque ya católico— Sisebuto (612-621) endureció la legislación antijudía heredada del Bajo Imperio romano y, a diferencia de sus predecesores, promulgó las primeras leyes que obligaban a la conversión forzosa al cristianismo. Con ello inauguró una tradición de violencia que se vería agravada en la Baja Edad Media, cuando, tras los estragos de la peste y el clima de pánico que se había generado, se comenzó a señalar a los judíos como posibles responsables del desastre.

Los pogromos —ataques violentos contra las comunidades judías, sus bienes y sus personas— se extendieron durante el año 1391 en distintas ciudades: en Sevilla, el 6 de junio (con unas 4000 víctimas aproximadamente, mientras que los supervivientes fueron vendidos como esclavos); en Toledo, el 18 de junio; en Valencia, el 9 de julio; en Mallorca, el 1 de agosto; y en Barcelona, cuatro días después, por citar solo algunos ejemplos.

Durante el siglo XV, algunos grupos judíos que habían sobrevivido a los pogromos gracias a la protección brindada por la proclamación de varios edictos del rey Enrique III de Castilla intentaron reconstruir sus comunidades sin renunciar a su identidad religiosa, resistiéndose a las continuas presiones políticas y eclesiásticas para que se convirtieran. Esta resistencia fue el pretexto para que, finalmente, en 1492 —el mismo año en que se producía el «descubrimiento» de América— los Reyes Católicos decretaran su expulsión del territorio hispano. Este exilio daría lugar al concepto de Sefarad, término que pasó a utilizarse para designar a los judíos originarios de la península ibérica.

Epílogo

El año 1492 ocupa un lugar mítico en la historiografía clásica española debido a que coinciden tres acontecimientos de enorme trascendencia: la desaparición de los últimos resquicios de dominio territorial musulmán, la expulsión de los judíos sefardíes y el descubrimiento de América por parte de Europa. Todos estos hitos constituyen una base suficiente para considerar clausurada la Edad Media en la península ibérica.

Conviene recordar, sin embargo, que cuatro decenios antes —en 1453— la toma de Constantinopla por parte de los otomanos había puesto fin al Imperio bizantino y a una cristiandad oriental que llevaba siglos menguando territorialmente frente al empuje de un islam que se replegaba en Occidente, pero que se consolidaba en Oriente.

Así, el final de la Edad Media hispánica coincidió, en términos generacionales, con la caída de Constantinopla, el descubrimiento del continente americano y otro avance crucial que transformaría de forma irreversible la transmisión del conocimiento: la invención de la imprenta de Gutenberg, que marcaría el inicio de una nueva era.

Bibliografía

AURELL I CARDONA, J., *La historiografía medieval. Entre la historia y la literatura*, Valencia, Publicaciones de la Universidad de Valencia, 2016.

BALDEÓN BARUQUE, J. (ed.), *Cristianos, musulmanes y judíos en la España medieval: de la aceptación al rechazo*, Valladolid, Editorial Ámbito, 2004.

BALLESTÍN NAVARRO, X., *Història d'Al-Andalus i del Magrib*, Barcelona, Edicions i Publicacions de la Universitat de Barcelona, 2005.

BARBERO, A. Y VIGILL, M., *La formación del feudalismo en la península ibérica*, Barcelona, Editorial Crítica, 1978.

BARKAJ, R., *Cristianos y musulmanes en la España medieval (El enemigo en el espejo)*, Madrid, Ediciones Rialp, 1991.

BENITO RUANO, E., *Tópicos y realidades de la Edad Media*, Madrid, Real Academia de la Historia, 2002.

BONNASSIE, P., *Vocabulario básico de la historia medieval*, Barcelona, Editorial Crítica, 1983.

BRAMON PLANAS, D., *Una introducción al Islam. Religión, historia y cultura*, Barcelona, Editorial Crítica, 2002.

CARLÉ, M.ª DEL C. Y PASTOR, R., *Los reinos cristianos en los siglos XI y XII: economías, sociedades, instituciones*, Madrid, Editorial Espasa, 1992.

CARRASCO, J., SALRACH, J. M., VALDEÓN, J. y VIGUERA, M. J., *Historia de las Españas medievales,* Barcelona, Editorial Crítica, 2002.

CHALAMETA GENDRÓN, P., *Invasión e islamización. La sumisión de Hispania y la formación de al-Ándalus*, Jaén, Universidad de Jaén, 2003.

COLLINS, R., *La conquista árabe 710-797, Historia de España, III,* Barcelona, Editorial Crítica, 1991.

FELIU MONTFORT, G., *La llarga nit feudal. Mil anys de pugna entre senyors i pagesos,* València, Publicacions de la Universitat de València, 2009.

GALÁN SÁNCHEZ, Á. y PEINADO SANTAELLA, R. G., *Una sociedad mixta. Del emirato nazarí al reino de Granada,* Granada, Editorial Universidad de Granada, 2022.

GARCÍA SANJUAN, A., *La conquista islámica de la península Ibérica y la tergiversación del pasado,* Madrid, Marcial Pons, 2013.

GONZÁLEZ FERRÍN, E.2024), *Alandalus. Oriente en Occidente,* Barcelona, Shackleton books, 2024.

GORDO MOLINA, Á. y MELO CARRASCO, D. (eds.), *La Edad Media peninsular. Aproximaciones y problemas,* Gijón, Ediciones Trea S. L., 2017.

GUIXARD, P., *Los reinos de taifas (Al-Andalus), Málaga, Editorial Sarriá,* 2006.

IRADIEL, P., MORETA, S. y SARASA, E., *Historia medieval de la España cristiana*, Madrid, Editorial Cátedra, 1989.

ISLA FREZ, A., *La Alta Edad Media: siglos VIII-XI*, Madrid, Editorial Síntesis, 2002.

LE GOFF, J., *¿Realmente es necesario cortar la historia en rebanadas?*, México, Fondo de Cultura Económica, 2016.

MANZANO MORENO, E., *Conquistadores, emires y califas. Los omeyas y la formación de al-Andalus*, Barcelona, Editorial Crítica, 2006.

MANZANO MORENO, E., «El califato omeya de Córdoba», en *Arqueología e Historia*, n.º 22. Madrid, Desperta Ferro Ediciones, 2019.

MÍGUEZ FERNÁNDEZ, J. M.ª, *Las sociedades feudales 1: antecedentes, formación y expansión (siglos VIII al XIII)*, Madrid, Editorial Nerea, 1994.

MITRE, E., *La España medieval. Sociedades, estados, culturas*, Madrid, Editorial Istmo, 1979.

OTTEWILL-SOULSBY, S., *The Emperor and the Elephant: Christians and Muslims in the Age of Charlemagne*, Princeton University Press, 2023.

RÍOS SALOMA, M. F., *La Reconquista. Una construcción Historiográfica (siglos XVI-XIX)*, Madrid, Marcial Pons, 2011.

SALRACH, J. M., *El procés de formació nacional de Catalunya (segles VIII-IX)*, Barcelona, Edicions 62, 1978.

SOTO CHICA, J., *Imperios y bárbaros. La guerra en la Edad Oscura,* Madrid, Desperta Ferro Ediciones, 2023.

VIGUERA MOLINS, M. J., *El retroceso territorial de Al-Andalus. Almorávides y almohades, siglos XI al XIII,* Barcelona, Espasa Calpe, 1997.

VIGUERA MOLINS, M. J., *Los reinos de taifas,* Barcelona, RBA Coleccionables, 2007.

VILLACAÑAS BERLANGA, J. L., *La formación de los reinos hispánicos,* Madrid: Editorial Espasa, 2006.